複合インフレの罠

大規模金融緩和の誤算

The Compound Inflation

元日本銀行政策委員会審議委員
水野温氏
ATSUSHI MIZUNO

日本経済新聞出版

はじめに

２０２４年2月に入り、１ドル＝１５０円を超える円安が進み、日経平均株価は１９８９年末の高値を超えました。日銀は「賃金と物価の好循環」を掲げ、政府はデフレからの完全脱却を目指していますが、金融市場は一足先に、日本経済の転換点を先取りした形です。

もっとも、経済指標をみると、内需の回復力に力強さがありません。都心部のマンション価格高騰、止まらない円安進行、株式相場の過熱感など、実体経済と資産価格の乖離が目立っています。株価上昇の背景には、海外マネーと個人マネーの流入期待、そして円安進行とインフレ期待の上昇があります。資産インフレは所得格差を広げますが、１９８０年代の資産バブルでは不動産の総量規制や日銀の大幅利上げを受けて、結果として長いデフレに陥った苦い経験、そして米国がわずか1年強の間に5％も利上げしても、株式相場と不動産市場は調整するどころか熱狂して上昇した現実からも、政策金利の微調整で資産価格を適度にコントロールすることは極めて難しいと思います。

欧米ほどではないにせよ、日本でも粘っこいインフレ（sticky inflation）が発生しました。この背景には、新型コロナウイルスの世界的大流行（パンデミック）、異常気象を受けた脱炭素化社会を目指す各国の対応、ウクライナ戦争や米中対立による効率的な供給網の見直しなど、様々な要因があります。これらの供給ショックを起点とするインフレ圧力の二次的影響が複雑に重なり合って、粘っこいインフレに発展しています。この状況を、本書では「複合インフレ（compound inflation）」と呼ぶことにしました。

日銀の植田和男総裁は2023年5月以来、2％のインフレ率の定着を見極めるために基調インフレ率の上昇を「待つことのコストは大きくない」と言い続けてきましたが、食料品価格上昇による個人消費の下振れ、円安進行など、大規模金融緩和の誤算が顕在化しています。日銀は、深刻なデフレや金融システム不安に対応できる政策対応余地を残すためにも、現行の「危機モード」から「平時モード」の金融政策に戻し、複合インフレに対応すべきです。さらにマイナス金利政策を解除した場合、金利先高観が出ますが、それを牽制せず、フォワードルッキング（先を見越した）な政策運営にシフトすべきです。これらについて、その理由とともに本書で詳しく述べました。

機関投資家にせよ（資産運用を始める）個人にせよ、国際分散投資のポイントは、米国を中心とする主要国の長期金利の見通しです。日本を含む主要国のインフレが粘っこい理由について理解を深め、金融政策に対する洞察力を高めることは、為替レートや株価などを予測する上でも有益です。さらに視野を広げ、日本が今後、低成長ながら豊かな生活を維持・発展させることができるかを考えるうえで、本書がその一助となれば、筆者として望外の喜びです。

2024年2月

水野　温氏

目次

プロローグ――パンデミック、気候変動、国際紛争――1

第1章　粘っこいインフレは何をもたらすのか――23

［1］尾を引く供給ショック　24
［2］コストプッシュ型のインフレの二次的影響　26
［3］グローバル化の巻き戻し――グローバル・バリューチェーンの混乱　31
［4］輸送コスト高・インバウンド需要によるサービス価格上昇　34
［5］価格転嫁率の上昇　36
［6］エネルギー転換に伴う国際収支悪化――構造的な円安要因　38
［7］企業の価格設定行動の強気化――「複合インフレ」の発生　41
［8］国際紛争の常態化――経済安全保障　43

第2章　パンデミックの後遺症　47

［1］経済と金融の新常態《ニューノーマル》　48
［2］生産年齢人口の減少、人材確保の困難化　62
［3］不可逆的な労働市場の構造変化　69
［4］「広義の安全保障」への対応を怠ってきたツケ　71
［5］財政余力の低下　78
［6］問われるキャッシュフロー創出力と資本の厚み　83

第3章　気候変動と国際紛争　91

［1］日本経済を追い詰める不可逆的な事象　92
［2］気候変動のパラドックス　97
［3］グリーンフレーション・エネルギー転換　102
［4］エネルギー安全保障——脱炭素化は戦略的に　104
［5］世界の分断　119
［6］重みを増す「経済安全保障」　125
［7］ＥＶブームが一旦弾ける可能性も　126

第4章　国力低下を反映した円安 ―― 135

[1] アベノミクスは「高圧経済アプローチ」 136
[2] 異次元金融緩和 ―― バブル崩壊後の「失われた20年の処方箋」 138
[3] アベノミクスの功罪 ―― 構造改革は掛け声倒れ 143
[4] 需給要因を色濃く反映する円ドル相場 148
[5] 異次元金融緩和の副作用 156
[6] 社会の分断 ―― 所得格差と地域格差の拡大 166

第5章　財政の持続可能性を脅かす「政策の割当て」 ―― 169

[1] パンデミックによる政府債務残高の増加 170
[2] 医療、教育、国防、社会インフラ、人口動態は「広義の安全保障政策」 174
[3] ソブリン格下げによる影響 176
[4] パンデミック、気候変動は日本の構造問題を浮き彫りにした 178
[5] 「政策割当て」の議論が深まらない日本 ―― マクロ政策の持続可能性 181
[6] インフレ抑制は本来、中央銀行が比較優位にある政策目標 183
[7] マクロ政策は供給制約によるボトルネックに対応すべき 187

第6章　企業行動の変容をウォッチする日銀――191

[1] 物価高対策の王道は、過度な円安進行の阻止　192
[2] 「金融政策の正常化」のロードマップ　194
[3] 長期的な視点から金融政策を論じた内田副総裁　203
[4] 金融政策決定会合の議論を読み解く　207
[5] 中央銀行は長期金利をコントロールできない　218
[6] 「金利のある世界」――金利機能が働けば、「資金の流れ」は変化　222
[7] 「植田カラー」とは？　232
[8] インフレ抑制の遅れ――資産インフレと格差拡大の助長　238

第7章　中央銀行の憂鬱――243

[1] 供給ショックへの対応は金融政策の不得意分野　244
[2] 「賃金と物価の好循環」は切り札か？　247
[3] 賃金は遅行指標――待ち過ぎることのコスト　251
[4] 「政策の転換点」のコミュニケーション　253
[5] 日本も「有事対応」から「平時対応」の金融政策に　255

[6]ラジャン元インド準備銀行総裁の提言 257
[7]政府と日銀の共同声明の未来予想図 258
[8]米国のデジタル・バンクランと連邦規制当局の対応 261

エピローグ——日本社会の課題 275

おわりに——社会の持続可能性と金利のある世界 285
謝辞 288
注 290

プロローグ

パンデミック、気候変動、国際紛争

The Compound Inflation

「パンデミック、気候変動、国際紛争」を起点とするインフレ

新型コロナウイルスのパンデミック（以下、パンデミック）は、主要国（特に欧州経済）に大きな影響を与えました。欧米主要国では、①大都市に的を絞ったロックダウン、②ｍＲＮＡワクチンの大規模接種、③大規模な財政出動と金融緩和に踏み切ったことで、パンデミックの収束後、景気は急回復したものの、日本・中国・アジア諸国の回復は緩やかなものにとどまっています。

一方で、「パンデミック、気候変動、国際紛争」という供給ショックに起因するインフレ圧力は、その二次的影響であるサプライチェーンの混乱、人手不足による賃金上昇およびサービス価格上昇、企業の気候変動対策に対する意識の高まり、ウクライナ戦争など地政学的リスクの顕在化による国際物流の停滞が重なり、後に定義する「複合インフレ」が発生しました。欧米主要中央銀行は当初、供給ショックに起因するインフレ圧力を過小評価しましたが、２０２１年から賃金と物価がスパイラル的に上昇するなど、「複合インフレ」の粘っこさを認識した後は、大幅かつ急激な金融引締めに踏み切りました。

日本でも、円安進行、エネルギー・原材料価格上昇による輸入物価上昇、中小企業の価格転嫁率の上昇、人手不足による賃上げ圧力など政策当局の想定を超えるインフレ圧力に直面しました。ピークの消費者物価の上昇率は、欧州では10％超、米国は９％程度、そして日本は４％超でした（２０２３年１月の全国消費者物価の生鮮食品を除く総合指数（コアＣＰＩ）は前年同月比上昇率＋４・２％がピーク）。２０２４年１月の全国のコアＣＰＩは同＋２・０％と３カ月連続で伸び率

が鈍化しましたが、22カ月連続で、日銀が目標とする2%以上の伸びが続いています。2023年通年のコアCPIは前年比+3・1%（2022年は同+2・3%）と、2年連続で2%を超えています。

欧米の主要中銀は、2%のインフレ目標を大幅に上回る高インフレ、そしてインフレ圧力の粘着性の高さへの認識が広がるにつれて、2022年から2023年前半にかけて金融引締めを余儀なくされました。仮にパンデミック後のインフレ圧力の高まりに供給要因が大きく影響していないのであれば、金融引締めの効果から欧米主要国のインフレ率はもっと早く低下したはずです。日銀は、長期金利の誘導目標の柔軟化に踏み切ったものの、輸入物価上昇に起因するインフレ圧力が鈍化する中、金融緩和を粘り強く継続しました（2024年2月末時点）。

言うまでもなく、米中の分断、ウクライナ戦争や中東情勢の緊迫など国際紛争の頻発化は、グローバル化の後退であり、インフレ率を押し上げる要因です。

本書が取り上げる粘っこいインフレとは

日本は、1970年代に2回の石油危機（1973年10月〜1974年8月、1978年10月〜1982年4月）において、1974年は+23・2%、80年は+7・7%という高インフレを経験しました。[1]これに対して本書が取り扱うパンデミック収束後のインフレ率は2・5〜4%程度と、第一次石油危機の際、「狂乱物価」と言われたような高インフレ率ではありません。しかし、高インフレでないから安心してよいかというと、そうではありません。現在の日本の潜在成長率は+0・7%程度と低く、日本経済は長くデフレ状態に置かれてきたため、インフレに対して脆弱であり、看過すべきでないというのが筆者の考えです。

足元では、食料品価格を中心とするインフレ圧力の上昇によって個人消費は下振れています。政府が、ガソリン補助金を2024年4月まで継続するように、潜在成長率が0・7%程度の日本経済にとって、3%程度のインフレ率でも個人消費を下押しし、景気の腰折れが懸念されます。

本書の構成

以下、まず本書の構成について説明しておきます。第1章では、「パンデミック、気候変動、国際紛争」という供給ショックに起因する2021年以降のインフレ圧力は粘っこく、金融引締めで抑え込むことに時間を要することを説明します。第2章では、パンデミックの後遺症について、第3章では、気候変動と国際紛争がインフレ圧力を粘着的かつ複雑化させた一因であることを説明します。また、日本の輸入物価に起因するインフレ圧力の一因は円安ドル高進行であるため、過度な円安進行の是正が「物価高対策の王道」と筆者は考えており、第4章ではその点について触れます。

第5章から第7章では、パンデミック対応でさらに膨らんだ財政の持続可能性、日銀の「金融政策の正常化」に向けた動き、各中央銀行に求められている責務と限界について述べています。とくに本書では、日銀が長らく続けてきた「大規模金融緩和」の誤算、および「大規模金融緩和」の縮小に向けた段階的な取組みについての説明に紙幅を割いています。

なお、パンデミック後に主要国が採用した大型の財政政策による「強制貯蓄」の取崩しで景気が上振れしたほか、米国では2023年3月、SNSの発達とデジタル化の影響で中堅銀行が破綻する「デジタル・バンクラン」が発生。連邦規制当局が預金の全額保護や銀行監督と規制強化に動きました。その後、米商業用不動産市場が調整を受けたことから、中堅米銀は銀行貸出に慎重な動きを続けています。これらの動きは日本の金融機関、金融行政の参考となるでしょう（第7章で議論）。

インフレを後押しするエネルギー問題

気候変動は、全世界が直面する最大の難題の一つです。気候変動に伴う異常気象（洪水・干ばつ・山火事）から人類を守るためには、①資源の大量消費を見直し、社会が持続可能な水準まで経済成長を抑制するか、②脱炭素化を実現するためのブレークスルーとなるイノベーションによって（経済成長ペースを鈍化させずに）「持続可能性の高い社会」を目指すという二つの経路があります。持続的な経済成長を実現するには、脱炭素化社会につながる革新的イノベーションを実装するしかありません。

日本政府は2020年10月、2050年までに温室効果ガスの排出を全体としてゼロとする「カーボンニュートラル」を目指すことを宣言しました。実現に向けては、エネルギー政策の要諦である、①エネルギーの安定供給、②経済効率性の向上による低コスト化、③環境適合（低炭素・脱炭素化）は重要です。この前提に立って、２０５０年のカーボンニュートラルを実現するためには、再生可能エネルギー（太陽光・風力・水力・地熱・バイオマス）を主力電源として最大限導入に取り組む必要があります。

２０５０年から２０７０年頃までにカーボンニュートラル目標を実現する取組みは、各国にとって重要な長期のエネルギー政策と環境政策です。しかし、２０２２年2月24日開始のウクライナ戦争を契機として、各国でエネルギーの安定確保が喫緊の最重要課題となり、脱炭素化に向けた国際協調のモメンタムを弱めました。日本は、再生可能エネルギー、原子力発電、水素の発電量を増やす必要がありますが、エネルギー安全保障の観点から化石燃料への依存度を段階的に低減させる方針です。日本など化石燃料の輸入国は、電力需給逼迫を回避するため、天然ガス・ＬＮＧの安定調達先を多角化する努力を続けていますが、化石燃料価格はピーク時に比べれば落ち着いてきたものの高止まりし、インフレ要因となっています。詳しくは第3章で議論します。

求められる「政策割当て」の議論

岸田文雄内閣が２０２３年秋に閣議決定した「デフレ完全脱却のための総合経済対策」は、「デフレ脱却」と「物価高対策」が併存し、国民には分かりにくい経済対策でした。インフレ圧力が払拭されない中で、需要喚起策を採用することは、当然ながらインフレ抑制に逆効果です。また、政府が物価高対策を担い、日銀がデフレ対応のため大規模緩和を継続する日本のユニークな「政策割当て」というポリシーミックスでは、金利機能の復活による企業の新陳代謝や生産性向上による日本経済の構造改革に逆行します。

２０２２年９月、イギリスのトラス前政権が１９７２年以来の大規模減税を打ち出したことをきっかけにした政府債務残高の増加、減税策によるインフレ加速に対する懸念から、英ポンドが対ドルで最安値を記録、イギリス国債は暴落し、トラス前首相は辞任に追い込まれました。トラス・ショックの発生です。

日本への教訓は様々ですが、最も重要なことはインフレ圧力の抑制には、「的を絞った財政支出（ワイズスペンディング）」が不可欠だということです。マンデルの「政策割当論」は、マクロ政策は比較優位にある政策目標を実現するように割り当てられるべきだと説きます。インフレ抑制は本来、中央銀行が比較優位にある政策目標です。ただ、グローバル金融危機（日本では「リーマンショック」と呼ばれることが多い。２００８年）と東日本大震災（２０１１年）の後、景気停滞と円高進行が重なり、六重苦と言われる苦難を経験したこともあり、日銀はデフレ脱却に向けて金融緩和を強化しました。そして、いわゆる「ゼロ金利制約」に到達した後は、欧米主要中銀に先駆けて、非伝統的金融政策に踏み切りました（「ゼロ金利制約」とは、名目短期政策金利が０％近傍という下限に到達し、それ以上の金融緩和余地がない状況を指します）。

マクロ政策の円滑な遂行には、金融市場とのコミュニケーションは常に重要です。金融政策や財政政策に代表されるマクロ政策が国民の支持を得るための前提として、その政策が生活にどのような影響を及ぼすのか、国民がしっかり理解することが非常に重要です。２０２３年秋に岸田政権が示した「税収増を国民に還元する」という方針が、国民の共感を得られなかった理由は、財政収支悪化の皺寄せがいずれは若い世代に及ぶと見通され、将来への不安を喚起しているからだと思います。また、所得減税・給付金と異なり、インフレの社会への悪影響はそれほど自明ではなく、物価高対策については丁寧な説明が重要です。

岸田政権は、「デフレからの完全脱却」を宣言したいと思われますが、国民は物価高の持続を警戒しており、好意的に受け止めないのではないでしょうか。繰り返しになりますが、筆者は、円安加速の阻止が物価高対策の王道であると考えます。本来ならば、日銀にマイナス金利政策の解除を先行させて、円安再加速の阻止を通じて物価高対策に真剣に取り組む姿勢を示したほうが、政治への信頼回復につながるのではないでしょうか。

「複合インフレ（Compound Inflation）」の影響

米国では、バイデン政権がパンデミック対策として高圧経済アプローチを採用し、（戦争を除き）過去に例のない大規模な財政出動を行った結果、供給ショックを起点としたコストプッシュ・インフレに続き、賃金上昇を起点とする住宅価格や家賃の上昇に直面します。サプライチェーンの混乱など供給制約によるインフレ圧力が一服したところで、金融引締め策を休止しました。その後、米連邦準備制度（Ｆｅｄ）の大幅な金融引締めにもかかわらず、個人消費・住宅投資・設備投資という金利感応度が高いセクターに減速感がみえません。粘っこいインフレ圧力が確認される中、Ｆｅｄは早期利下げを諦めつつあります。

日本では、全国消費者物価指数（ＣＰＩ）の内訳をみると、インフレ圧力が財からサービスへとシフトしていることが読み取れます。人件費のウエイトが高いサービス価格は長期間にわたって極めて動きが鈍いことが知られていましたが、値上げの動きが食料品・生活必需品から、人手不足感の強まりを背景にして、交通費・ホテル宿泊料、宅配・引越し・教育サービスなど「サービス価格全般」にシフトしつつあります。ＣＰＩの「一般サービス」の品目別変動分布をみると、分布全体が右方向にシフトしています。交通費や公共料金など値上げの難易度が高いサービス価格の上昇が持続的かどうか議論の余地はあるものの、「山」が動き出したことは重要です。従来、インフレ圧力は、コストプッシュとデマンドプル、供給要因と需要要因という二分法で説明されることが多かったのですが、パンデミック後、インフレ圧力の複雑化・変質化が確認できます。主要国で違いはあるものの、このように複雑なインフレ要因が重なり合って、しつこいインフレに発展する状況を本書では「複合インフレ」、英語の表記では“Compound Inflation”と呼ぶことにします。

国民が物価高で悲鳴をあげる中で、日銀が政策修正を先送りして、そのまま大規模金融緩和を継続すると、日銀は「物価の安定」というマンデート（使命）を達成できず、資産インフレを誘発し、所得格差が拡大するリスクが高いと思われます。

日銀は、供給ショックに起因するコストプッシュ・インフレについて、粘っこいインフレ圧力の本質を十分に見抜くことができず、2023年は物価見通しの上方修正を繰り返しました。2023年末時点では、輸入物価上昇に起因するインフレ圧力が鈍化し、国内企業物価が前年比ゼロ近辺に低下している点に注目し、企業の賃金・価格設定行動を十分に見極めたいという情報発信を展開しています。

一方で日銀は2023年秋以降、コミュニケーション上、「第一の力」「第二の力」という表現を使い、インフレ圧力を二分法で説明し始めました。内田眞一副総裁の2024年2月8日の講演では、日本のインフレ圧力はもっと複雑かつ持続的なものに発展する可能性を認めています。

際限なく積み上がる政府債務によって財政余力が低下する中、経済対策は、①適切な原因分析に基づいて将来を見据えたものである、②費用対効果の観点から経済合理性がある、ことが重要です。政府には、所得再分配の役割がありますが、バブル崩壊後、過度な財政刺激策が構造変化を遅らせた苦い経験を踏まえ、生産性向上やイノベーションは民間企業の自助努力に任せるべきです。特に、日本のソブリン（国）の信用格付けは最早、相撲で言うところの「徳俵」に近い状況（第5章で議論）にあります。

さらに政府は、国のバランスシートだけを考えていてはダメで、企業の海外における活動が低下することがないように、政府債務残高をマネジメントする必要があります。この点は、民間企業にとっては非常に大事なところです。

厳しい現実を直視した政策運営を

２０２４年元日に発生した能登半島地震は大変不幸な出来事でしたが、能登半島の老朽化した社会インフラを修繕、さらには能登半島を強靭化する機会にすべきです。そして、ワイズスペンディングの考え方を適用することも重要かと思います。日本では毎年度、国土強靭化（防災・減災）、インフラ整備に数兆円の財政資金が投入されています。気候変動に伴う異常気象の頻度も増える一方と予想される中、被災地支援も二次避難所への移動、道路・橋・港湾などの復旧はともかく、復興プロセスにおける限界集落の集約化の検討など、財政余力がない中でのサポートについて、今後のロールモデルにすべく英知を結集したいところです。

政府は、日本経済の長期停滞の原因分析を真摯に行い、成長戦略の不在、構造改革と財政健全化の先送りを反省する（第４章で議論）と同時に、パンデミック対応で財政余力が低下し、「財政の持続可能性」が懸念される状況にあるという「不都合な真実」を国民に正直に伝え、危機感を共有するところからスタートすべきです。高いインフレ圧力が持続すれば、金利先高観が強まることは自然です。日銀も「金融政策の正常化」を進めるはずです。金利機能が働けば、「資金の流れ」が変化し、企業の新陳代謝や高付加価値化に向けたイノベーション（第６章で議論）、マクロ政策の役割分担の適正化（第５章）、が期待されます。一方で、企業の優勝劣敗の結果、ゾンビ企業の淘汰や労働市場の流動化に伴う摩擦的な失業（雇用のミスマッチに伴う失業）が発生するため、政治は覚悟を問われます。

日米のインフレ動向と金融政策運営

米国の消費者物価指数（総合）は、2022年6月に前年同月比＋9・1％でピークを付けた後、インフレ圧力の鈍化スピードが緩いため、企業と家計のインフレ期待が上振れて定着するリスクに配慮して金融引締めを続けてきました。その後、2023年9月から12月までの4カ月は同＋3％台で推移したことで、Fedは2024年1月30日・31日開催の米連邦公開市場委員会（FOMC）で、4会合連続となる政策金利の据え置きを決めました。2024年1月31日開催のFOMCの声明文では「2％のインフレ目標の達成に向け、より確かな自信を得るまで利下げは適切ではない」との表現が盛り込まれました。利上げ局面終了および早期利下げ期待を牽制したコミュニケーションと言えます。

もっとも、供給ショックに起因するインフレ圧力に対して金融政策はさほど有効でないと言われる中、Fedは2023年末時点で3％程度まで低下してきたインフレ率をみて、手放しで喜んでいるわけではありません。パンデミック後、欧米主要中銀は利上げに転じるタイミングが遅れました。金融政策の転換が遅れた一因は、パンデミック発生をデフレ要因と考え、大規模金融緩和に踏み切り、インフレ圧力を供給ショックによる一過性のものと判断したためです。インフレ圧力の鈍化が停滞する場合、政策金利を据え置くと予想されます。

一方で日銀は、パンデミックを克服した後も、2％のインフレ目標を主要国の中で最も厳格に運用した結果、「金融政策の正常化」が遅れ、2022年と2023年、そして2024年初めにかけて、自国通貨である円の価値を対主要通貨で過度に弱くし、物価高を助長しました。ただ、日銀は長期間にわたって超低金利政策を採用してきた結果、万が一、景気後退に陥った場合、有効な金融緩和手段を持ち合わせていません。植田和男総裁は２０２３年５月19日、内外情勢調査会の講演で、「拙速な政策転換を行うことで、ようやくみえてきた２％達成の『芽』を摘んでしまうことになった場合のコストはきわめて大きいと考えられる。逆方向の、政策転換が遅れて２％を超える物価上昇率が持続してしまうリスクもあるが、こうした２％の定着を十分に見極めるまで基調的なインフレ率の上昇を『待つことのコスト』は前者に比べれば大きくないと思われる」と述べました。これは、「リスクマネジメント・アプローチ」と呼ばれる考え方で、他の主要国の中央銀行も採用しているものですが、植田総裁の場合、「危機管理アプローチ」に近いようにも思います。[2]もちろん金融危機的な状況や深刻なデフレが再燃した場合、中央銀行が柔軟に対応できる余地を残しておくことは重要です。

　植田総裁は２０２４年１月23日の定例記者会見で、「基調的な物価上昇率が２％に向けて徐々に高まっていく確度が少しずつ高まっているとみている」と述べていますが、金融緩和継続に軸足をおいています。日銀の金融政策に関する国債市場のコンセンサス的な見解は、以下のようなものです。日銀は、２０２２年終盤以降、「イールドカーブ・コントロール（以下、ＹＣＣ）の運用の見直し（２０２２年12月20日）」「ＹＣＣの運用の柔軟化（２０２３年７月28日）」「ＹＣＣの運用のさらなる柔軟化（２０２３年10月31日）」と、３回にわたって政策修正を行い、長期金利の誘導水準を見直しました。インフレ圧力が高まる局面では、中央銀行は長期金利をコントロールできないことを示唆しています。マイナス金利政策とＹＣＣは、植田審議委員（当時）を含む日銀の第一次量的緩和期のボードメンバーが、リスクマネジメント・アプローチから受け入れなかった政策ツールでありながら、黒田東彦総裁（当時）が導入してしまったものです。

ここでイールドカーブ（利回り曲線）について簡単に触れておきます。債券（とくにここでは国債）の残存期間を横軸、利回りを縦軸にとり、その関係を表した曲線のことで、通常は、残存期間が長い債券ほど利回りが高くなるため、右肩上がりの曲線になります。景気後退期など短期金利が長期金利を上回ると、曲線は右肩下がりとなり、この状態を逆イールドと呼びます。日銀は、２０１３年4月の「量的・質的金融緩和」導入後、保有する国債残高の増加額を決定し、大規模な国債買入れを行うことで、長期金利に低下圧力を加えてきました。しかし、ある金額の国債買入れが長期金利を押し下げる効果は、金融経済情勢により違います。そのため、この方法では、イールドカーブが十分にフラット化しなかったり、フラット化が進み過ぎたりします。特に、２０１６年1月のマイナス金利政策導入以降、市場では、search for yield、つまり、少しでも利回りのある金融資産への需要が高まったため、過度なフラット化が生じました。そこで、日銀は、２０１６年9月に、政策枠組みを変更し、誘導目標とする長短金利自体を決定して望ましいイールドカーブを示した上で、それを実現するために必要な国債買入れを行うことにしました。これがＹＣＣです。

右肩上がりのイールドカーブは重要な社会インフラ

日銀は2016年1月29日にマイナス金利政策を導入しました。同年9月21日に公表した「総括的な検証」において、「短期金利のみならず長期金利を大きく押し下げた」と一定の効果があるとしつつ、「貸出金利の低下は金融機関の利鞘を縮小させた。イールドカーブの過度な低下、フラット化は、金融機関の収益に悪影響を与え、経済活動に悪影響を及ぼした可能性がある」と、マイナス金利政策の副作用は効果を上回ることを事実上認めました。[3] 実際、国債イールドカーブ全体の低下は、資金運用難から資産運用会社を含む金融機関の収益力を低下させます。

国債発行当局（財務省理財局）は、2年・5年・10年・20年・30年の国債を毎月、40年国債を隔月で発行しています。国債発行計画は、毎年12月に翌年度政府予算案と同時に公表されます。金融政策と国債管理政策の連携によって、国債イールドカーブは経済物価情勢を反映した形状で推移しており、国債管理政策はマクロ政策の中で最もうまく機能していると判断されます。

また、「金利機能が働かず、低収益の企業が多数存続するため、企業の新陳代謝が進みにくい」「国債市場は資本主義の重要な社会インフラであり、新ＮＩＳＡ導入を踏まえて円建て資産に個人マネーを流入させるため、国債市場の健全な市場機能の復活を急ぐべき」という論点も重要です。米国は基軸通貨国というメリットもありますが、自国の経済・物価・金融情勢だけを見て金融政策を決定しています。日銀が同じようなスタンスをとれないことの是非は問われるべきだと思います。パンデミックの収束後、高インフレに対して、欧米主要中銀が金融引締めに踏み切るタイミングが遅れました。日銀には、欧米主要中銀の苦い経験を活かしてほしいところです。

筆者は、右肩上がりのイールドカーブと適度な金利変動は、資本主義の重要な社会インフラであると考えています。２０２４年から新ＮＩＳＡがスタートしました。個人にとっても、「金利がない世界」から「金利がある世界」に戻ることは歓迎すべき動きです。「金利のある世界」は、企業に対して資金調達コストを超える収益を計上する圧力となり、企業の新陳代謝、高付加価値化、生産性上昇を促し、日本経済の活力を高めます。生産年齢人口が減少する日本で生産性を高めるには、金融力の活用を通じて、企業の新陳代謝を促していく必要があることに誰も異存はないと思います。

金融機関の目利き力は、企業の真の信用力を反映した金利水準で資金提供ができる場合、より効果を発揮します。ただ、現状には課題があります。①日銀の大規模金融緩和が長期化し、超低金利政策が継続されていること、②パンデミック対応としての無担保無利子融資、いわゆる「ゼロゼロ融資」にみられるような資金繰り支援によって企業倒産を低水準に抑えることを政治的に金融機関は期待されていること、③政府系金融機関の存在感の大きさ、④日銀の巨大なバランスシート維持の結果、民間金融機関の事業会社向け融資は対象企業の信用力に見合わない低金利で行われていること、などです。このため「企業の信用力を反映した貸出金利」が十分形成されているとはいえません。クレジット市場が不健全で、信用スプレッドが歪《ゆが》められているため、企業の新陳代謝がなかなか進みにくい状況です。

本書のタイトルは、『複合インフレの罠――大規模金融緩和の誤算』です。あえて「罠」とした理由は、主要国のポリシーメーカーは、今回の「複合インフレ」に対して適切な処方箋を提示できないリスクが高いことに警鐘を鳴らすためです。その理由は次のようなものです。

① 金融政策は景気過熱に伴う需要ショックに起因するインフレ圧力抑制には有力ですが、パンデミック・気候変動・国際紛争など供給ショックに起因するインフレ圧力への対応は不得手であること。

② 企業の気候変動対策のコストは、持続性の高いインフレ要因になること。

③ 国際紛争の常態化は、物流面の停滞やグローバルなサプライチェーンの非効率化などをもたらし、インフレ要因になること。

④ 欧米主要中銀は2022年から2023年前半にかけて金融引締めに踏み切りましたが、主要国の株式相場が堅調であるように、グローバル金融危機（2008年）、パンデミック（2020年）を受けた主要中央銀行の大規模金融緩和による中央銀行のバランスシート拡大や財政刺激策の余韻から、金融環境はまだまだ緩和的であること。

⑤ 人材確保のために賃上げを迫られる中、企業が付加価値の高い製品やサービスに適正な対価を求めるという前向きな価格設定行動に変化したこと。日本でも「サービスはタダ」という慣習を見直し、賃上げと価格上昇の好循環がスタートする兆しがみえること。

地政学・安全保障上の日本の立ち位置

世界経済の見通しを考える上で、①人口動態、②気候変動、③革新的イノベーション、④経済成長力、⑤地政学・安全保障上の立ち位置、⑥外的ショックに対する復元力、の重要性が高まってきました。米中の分断、ウクライナ戦争を受けて、地政学・安全保障上の観点から、日本と米国の政治的・経済的な結束は強まっています。半導体・人工知能（ＡＩ）など最先端の成長分野で、日本は米国の重要なパートナーとなりました。反グローバリズムにもかかわらず、研究開発投資やリショアリングを進めやすくなっており、日本企業の立ち位置は安定しています。

本書は、人口動態と「最適政策論」の観点からみると、バブル崩壊後、日本が過去30年近くにわたってデフレに陥った主な要因は、潜在成長率の下方屈折の「原因分析」と「処方箋」を間違えたことにあると考えます。振り返ってみると、生産年齢人口のピークアウトなど人口動態の悪化は１９９０年代からスタートしています。労働市場の流動性の低さは、適切な資源配分を阻害しました。企業の新陳代謝が進まず、新しい成長産業の誕生が遅れる中、不動産価格や株価の下落など資産デフレは、ある意味で自然な帰結でした。

賃上げに対する筆者の立ち位置

賃上げについて日銀は、２％の「物価安定の目標」を持続的・安定的に実現するためには、「賃金と物価の好循環」が必要という情報発信をし、政府は、物価上昇に負けない賃上げを目指すという情報発信をしています。筆者の見解は、持続的な賃上げには、①持続的な生産性上昇や高付加価値化、②コスト上昇分を販売価格に転嫁できる企業の価格設定行動、③付加価値の上がった財・サービスに対して以前よりも高い価格を支払う家計（消費者）の「値上げ許容度」、④（賃上げよりも雇用維持を優先する）労働市場の構造改革、が条件になるというものです。また、物価上昇に負けない賃上げを実現するためにも、過度な円安に歯止めをかけて物価上昇を抑制することが先決であると考えます（詳細は、第7章［2］「賃金と物価の好循環」は切り札か？を参照）。

米国の景気循環と為替相場へのインプリケーション

米国の実質GDPは、2023年7～9月期は前期比年率＋4・9％、10～12月期は同＋3・2％（改定値）と高い伸びでしたが、アトランタ連銀が適宜アップデートしている"GDPNow update"によれば、2024年2月29日時点の2024年1～3月期実質GDPは同3・0％と強い伸びが予測されています。パンデミック後、米国経済が景気循環のどの位置にいるか、政策当局者も読みづらくなっていますが、2024年に入って2カ月間の強い経済指標を受けて、インフレ率が順調に低下をたどり、利下げ余地が広がるという2023年末時点のFedの経済予測は見直されたはずと、市場参加者は推察しています。

先に触れたように、パウエル議長は1月31日の定例記者会見、そして2月5日の講演において、今回の金融引締め局面の事実上の終了宣言と同時に、3月のFOMCでの利下げの蓋然性の低さを表明しました。この背景は、米国経済が想定以上に力強い回復をみせているためです。Ｆｅｄの最初の利下げは、早くとも6月以降にずれ込むと予想されます。

仮に、米国のインフレ率が想定外に反転する展開となった場合、パンデミック後の米国のインフレ率の粘っこさが再確認されることになります。その場合、米国要因から円ドル相場が円高方向に振れる理由は先送りされるため、日銀のマイナス金利政策の解除や、通貨当局のドル売り介入が実施されたとしても、１ドル＝１５０円を超える円安ドル高が進行する蓋然性が高まってきます。

第3章で議論しますが、米国の産業構造は多角化しています。シェール・オイル／ガス産業が一大産業になり、小麦やトウモロコシなど主要農産物を自給できます。金融面でも、米ドルが世界の基軸通貨であり続け、資本市場が安定していることから、米国経済は２０２２年から２０２３年前半にかけてのＦｅｄの大幅利上げにもかかわらず、資産効果の恩恵もあって、金利感応セクターである個人消費や住宅投資は底堅く推移しています。

2024年以降の世界

２０２３年終盤は、「金融政策の転換点」における中央銀行のコミュニケーションは極めて難易度が高いことを再確認できました。２０２３年9月に米国長期金利の上昇を受けて、一時１ドル＝１５２円程度まで円安ドル高が進行した後、２０２３年12月には一時1ドル＝１４０円程度まで対ドルで円相場は反発。パンデミック後のインフレ圧力に対応した欧米主要中銀の金融引締めは

２０２３年で一旦終焉し、米国要因による円安ドル高が一服した形ですが、２０２４年は年初から円安ドル高が進行しており、２月８日の日銀の内田副総裁の講演がハト派的と解釈され、同日のロンドン時間に１ドル＝１４９円台半ばまで円安ドル高が進行しました。

外為市場参加者の多くは２０２２年末も、２０２３年後半にはＦｅｄは利下げに転じると予想し、マクロ経済と政策金利の見通しを大きく外しました。筆者は２０２４年の世界経済については、米国経済は力強く、欧州と中国が弱く、世界全体でみれば、２０２３年と等速で推移すると予想しています。日本の経済・金融情勢に対する影響という意味では、米国経済に上振れリスクが高い中、マクロ政策の自由度が海外要因によって制約を受ける蓋然性は低いと判断されます。

パンデミック収束後、２０２３年前半までに、Ｆｅｄは政策金利を５・25〜５・50％まで引き上げましたが、今のところ、米国の金利感応度が高いセクターは堅調です。長期金利低下と株価上昇という展開になっており、「金融環境は緩和的」と判断されます。Ｆｅｄは利下げに転じるタイミングを急ぐ理由は乏しいように思われ、インフレ圧力も粘っこい展開が予想されます（第７章で議論）。そのため、外為市場では、ドルは対円で安定的に推移する公算が高く、Ｆｅｄの利下げ観測が後退する局面では、円安ドル高が進行する局面もあると思われます。

２０２４年は、不確実性が高いと言われていますが、主な不確実性は、米国の実質金利の高止まりによる米国の銀行システムおよびドル建て債務を抱える新興国の金融システムの不安定化するリスクです。もう一つはトランプ前米大統領が大統領に再選された場合に予想される米国の分断の深まりやそれに付随するリスクです。米国は2024年に景気後退に陥るとの悲観的な見方もありますが、世界的に見て特異な存在であるため、過度な悲観は杞憂《きゆう》に終わるでしょう。

日銀の植田総裁は2023年12月7日、国会で「年末から来年にかけて一段とチャレンジングな状況になる」と答弁して話題となりました。その真意はともかく、2024年は後半になるほど、日本のポリシーメーカーの舵取りは難しくなると予想されます。もっとも、日銀は、輸入物価上昇の価格転嫁によるインフレ圧力は減退しているとの理由から、マイナス金利政策の解除後、短期政策金利の性急な引上げは必要ないと考えている様子です。

マクロ的に「経済のグローバル化」の揺り戻しが続く中で、緩やかなインフレの世界と日本も無縁ではないと思われます。経済・物価・金融情勢が許される早いタイミングで、マイナス金利政策の解除だけは早めに実施しておいてほしいところです。「金利のある世界」に戻ると、資産運用の選択肢として、円建て債券の魅力が復活します。個人投資家は分散投資を進める好機です。もっとも、2024年は、年末にかけて金融市場のシナリオは一本ではありません。注目される各種イベントを列挙し、シナリオを複数想定しておくことが重要でしょう。

第 1 章

粘っこいインフレは何をもたらすのか

The Compound Inflation

［1］尾を引く供給ショック

供給要因に起因する欧米主要国の高インフレ

パンデミックは、主要国（特に欧州経済）に大きな影響を与えました。欧米諸国では、潜在的な景気下押し圧力に対して大規模なマクロ政策の実施、大規模なｍＲＮＡワクチン接種の結果、景気は急速に回復しました。日本では、パンデミックにおける資金繰り支援で低収益企業の倒産が回避された一方で、景気回復は緩やかなものにとどまりました。

注目すべきは、インフレ率の上昇で、欧米諸国では景気が急回復する局面でエネルギー価格や小麦など一次産品価格の急上昇が重なったことで、ピークの消費者物価上昇率は、欧州では10％超、米国は９％程度まで高まり、欧米主要中央銀行は急速な政策金利引上げを実施しました。日本もピークのインフレ率が４％程度と高まりましたが、景気回復を優先するため、大規模な金融緩和が続けられました。

「エネルギー転換」に伴うインフレ圧力

我々は現在、気候変動対策に伴う化石燃料から再生可能エネルギーへの「エネルギー転換」の真

図表1-1　日米欧の消費者物価指数

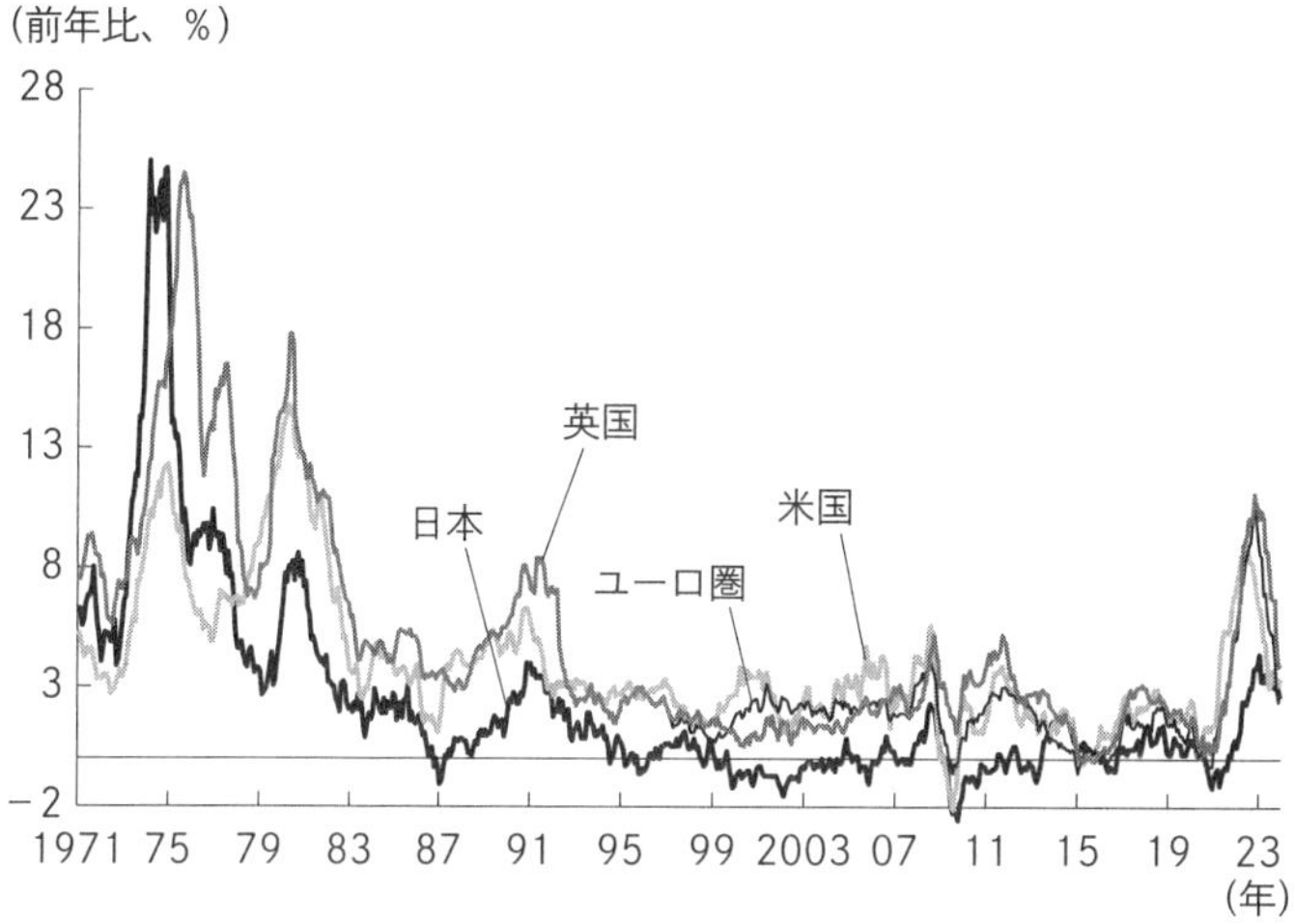

（注）いずれも総合指数。日本は消費税の影響を調整済み。
（出所）総務省、米労働省労働統計局（BLS）、EU統計局（ユーロスタット）、英国国家統計局（ONS）より筆者作成。

っ最中にあります。過去の経験則では、「エネルギー転換」の移行期は、エネルギー価格上昇に起因するインフレ圧力が高まります。企業の気候変動対応がグローバルに進展しており、取引先企業にも再生可能エネルギー電力の使用を求める企業が出現しており、脱炭素化の実現を念頭にグローバル・バリューチェーンが再構築される可能性があります（サプライチェーンが生産工程ごとに切り分けられ、各工程はその業務が最も効率よく行われる国へと移転されることを「グローバル・バリューチェーン」と呼びます）。

　さらにウクライナ戦争と最近の中東地域の混乱という地政学的リスクの顕在化は、サウジアラビアの原油減産もあいまって原油価格高騰を招き、異常気象と小麦生産国の戦禍によって、新興国を中心に食料インフレが懸念されています。

[2] コストプッシュ型のインフレの二次的影響

想定を超えるインフレ

パンデミックは、危機が去った後はデフレになるどころか、欧米主要国は想定以上の高インフレ、かつ粘っこい(sticky)インフレ圧力に直面しました。主要国におけるインフレ圧力上昇は供給ショックが起点ですが、以下のような特徴があります。

① 輸入コストの価格転嫁の進捗——サプライチェーンの混乱、エネルギー価格・原材料価格・食料品価格の高騰

② 労働市場のタイト化——米国を中心に高齢者の早期退職、飲食・観光など対面型サービス業を中心に労働力不足によって賃金インフレ圧力が高まった

③ ペントアップ需要——パンデミックによる行動制限などで購買を控えていた消費者による繰り越し需要

④ 需要刺激効果が過大だった財政支出による「強制貯蓄」の取崩し

⑤　大企業の利益率の回復

こうしたパンデミックに起因する供給ショックの「二次的影響」によるインフレ圧力は、ポリシーメーカーの想定をはるかに超えました。

国際通貨基金（ＩＭＦ）など国際機関を含む世界中のエコノミストが、パンデミックの発生による経済・物価への影響が甚大であると判断した理由は、①パンデミックによる中国の中核都市の都市機能が停止する「時間軸」に対する不透明感、②米国と中国のクレジット・サイクルの転換点が近い中で発生したパンデミックに端を発して「金融面の不均衡」が顕在化することへの懸念、③新型コロナ対応のワクチン開発の遅れへの懸念から、早い段階で「世界経済の下押し圧力」への関心が高まったためです。簡潔に言えば、ワクチンの開発に要する時間の不透明感、世界経済に占める中国経済のウエイトの上昇が、世界のエコノミストの不安を高めました。仮にワクチン開発および大規模接種が大幅に遅れていた場合、パンデミックは、世界的なデフレや金融危機など、世界経済と金融市場への影響がもっと大きなものになった可能性は否めません。

複雑なインフレ要因

パンデミックが収束に向かってしばらく経過した現在でも、人手不足の深刻化による賃金上昇圧力や輸送コスト高などサービス価格上昇、外食・旅行ブームの継続などによって「複合インフレ」

に発展しています。わが国のインバウンド需要の急回復は、パンデミックを克服した諸外国の旅行ブームの恩恵と言えます（なお、新型コロナウイルスはいまだ変異を繰り返しており、感染が完全に終息したわけではありません）。

供給要因を起点としつつも、複雑に絡み合ったインフレ圧力を従来型のマクロ政策で抑制することは容易ではありません。欧米主要中銀は２０２２年以降、金融引締め（利上げ、国債買入れの縮小）を実施し、イングランド銀行は保有国債の売却を加速した後、過度な金融引締めによって景気後退に陥るリスクを警戒して、２０２３年夏場から小休止に入っています。Ｆｅｄも欧州中央銀行（ＥＣＢ）も、今回のインフレ圧力は粘っこく、２％のインフレ目標に回帰できる時期は２０２５年以降と予想しています。

振り返ってみると、「的を絞ったロックダウン」は、人為的に大都市の経済活動をシャットダウンする感染症対策でした。一時的な需要不足は、大規模な財政支出によって「強制貯蓄」を醸成するマクロ政策だけで十分であるにもかかわらず、欧米主要中銀は積極的に流動性を供給しました。迅速かつ大規模な金融緩和は、債券市場を中心に防御策《バックストップ》の役割を果たしましたが、銀行のリスクテイクを奨励して大規模な資金調達と信用リスクの高い企業への貸出増加というモラルハザードが発生し、インフレ圧力を高めました。

また、主要中央銀行は当初、「パンデミック、気候変動、国際紛争」という三つの供給ショックの二次的影響を過小評価したように思います。欧米主要国で高インフレが発生した背景として、「パンデミック発生の初期段階」における政策対応の遅れや過ちがあります。その背景を具体的に挙げると、以下の通りです。[4]

①再生可能エネルギーを中心とする脱炭素化社会を目指す国際競争の存在。

②中東産油国やロシアは、原油や天然ガスの供給力を絞り、既得権益の確保を目指す結果、エネルギー転換に伴う化石燃料価格の高騰（「グリーンフレーション」と言われる。第3章を参照）。

③米中対立による「世界の分断」に加え、ウクライナ戦争の発生と長期化は、「経済のブロック化」を定着させ、「平和の配当」である「経済のグローバル化」による低インフレ構造が終焉。

④国際紛争の常態化、世界的なエネルギー危機、食糧危機のリスク。

⑤パンデミック、異常気象によるサプライチェーン寸断と物流混乱の影響。

⑥資源と食料の自給率が低い日本では、原材料価格や飼料・肥料の輸入コスト高を受けた中小企業による価格転嫁の進捗。

パンデミックによる労働供給の減少――人手不足による賃金上昇圧力

パンデミック後、欧米主要国では、高齢者の労働市場からの退出と、プライムエイジの退出から労働参加率が一時的に低下。労働供給減少により「賃金と物価の悪いスパイラル」が発生するリスクに直面しました。ＥＣＢのラガルド総裁は「パンデミック後、経済変動は民間需要の変動よりも、供給サイドから発せられるショックで決定される可能性が高まった」と、鋭い指摘をしています。中央銀行は現在、景気循環の平坦化、需要要因による景気過熱による物価押し上げ圧力の抑制など得意分野のほか、供給ショックへの対応、気候変動問題への対応という苦手な政策対応を期待されています。

米国ではバイデン大統領の就任後、イエレン米財務長官が主導する「高圧経済」政策に基づき、「大きな政府」路線を打ち出し、政府支出総額6兆ドル（米国のGDPの3割に相当）という三つの大型財政パッケージ、「米国救済計画」「米国雇用計画」「米国家族計画」を打ち出しました。このうち、パンデミック対策を柱とする総額1・9兆ドルの「米国救済計画」だけでも巨額で、「大きな賭け」でした。

パンデミック対応として、「高圧経済」アプローチを採用した米国は、経済を過熱させ、インフレ懸念を高め、Ｆｅｄの政策運営の舵取りを難しくしました。パウエル議長が２０２２年８月の毎年恒例のジャクソンホールの経済シンポジウムで、１９７０年代のボルカー元Ｆｅｄ議長の高金利政策の事例を引き合いに出しながら、Ｆｅｄは断固とした対応でインフレ圧力を抑制する必要があるという情報発信を余儀なくされました。Ｆｅｄはパンデミック対策として供給した過剰流動性の吸収をもっと早期に着手すべきでした。

［3］グローバル化の巻き戻し――グローバル・バリューチェーンの混乱

GVCの弱点を露呈したパンデミック

パンデミックでは、既存のグローバル・バリューチェーン（ＧＶＣ）のネットワークが抱える弱点が露呈しました。新型コロナウイルスは、中国全土のみならず世界的な感染拡大をみせる中、世界保健機関（ＷＨＯ）は２０２０年１月30日、「緊急事態宣言」を行いました。

このウイルスは症状が出ていない潜伏期間中にも感染が広がるにもかかわらず、中国政府は湖北省（人口約５９００万人）に感染者を閉じ込める大規模な隔離政策によって春節明けの休暇に新型肺炎の感染拡大が起きないように断固とした措置を打ち出しました。中国の経済規模は、２００２年にＳＡＲＳ（中国南部の広東省を起源とするコロナウイルスによる感染症。ＷＨＯは２００３年７月５日に終息宣言）が発生した当時とは比較にならないほど大きくなっており、中国の消費者や労働者の行動が世界経済に与える影響は格段に強いものになりました。当初は新型コロナウイルスの広範な発症は湖北省に限られており、感染拡大のスピードは速いものの致死率は２％程度にとどまっていたことを考えると、緊急事態宣言を発したＷＨＯの初期反応は大きなものでした。

日本への影響――異様な萎縮ムードの蔓延

感染拡大は当初、①中国の春節休暇明けの生産活動の停滞、②中国の物流システムの混乱に伴うサプライチェーンの寸断など、中国経済の「供給サイドの制約」が注目されていました。ただ、2002～2003年に流行したSARSをはるかに上回るスピードで感染が拡大し、感染連鎖が見えない公衆衛生上の新しい感染症との認識が強まりました。

日本国内でも感染が拡大し、①京都・北海道・九州など外国人に人気がある観光地やスキー場から人出が大幅に減少し、②都内では、セミナーやコンファランスやショーは次々と中止され、決算説明会は動画配信となり、③飲食店の来客数は減少、④中国・東アジア諸国からのインバウンド消費に依存した地域・観光地では、旅館やリゾート施設やバス会社から悲鳴が上がりました。なお、2011年の東日本大震災と原発事故の発生時には萎縮ムードが高まったものの、首都圏・名古屋・大阪など都市部の経済活動には大きな影響はありませんでした。

訪日観光客に占める中国人の比率が大きく、他国の訪問者よりも滞在日数が長いため、日本でも外食、娯楽、小売り、高級品などへのダメージが大きくなりました。感染者の症状を確認しにくいため、感染者の入国を抑える「水際対策」の効果は期待薄であったにもかかわらず、日本政府は当初、「水際対策」に軸足を置いた感染症対策を採用しました。その後、「集団感染防止」や「重症化防止」に軸足を移して、「流行のピークを引き下げる」方針を打ち出したことは適切でした。

ただ、政府は新型コロナウイルスに対する過度な不安を払拭する情報発信や、他の人に移さないという防疫意識を高める啓蒙活動に努めるべきでした。しかし、「水際対策」に失敗したタイミングで、国民への外出自粛やイベント開催の中止要請、企業への時差通勤やテレワークの要請を展開したことで、日本全体で「異様な萎縮ムード」が広がってしまいました。

２０２０年２月中旬以降、①家計の節約志向の高まり、②企業マインドの冷え込み、③「ヒト・モノ・カネの流れ」の停滞、③インバウンド消費の減少（観光産業への打撃）が顕在化していきます。消費不振の一因は、インバウンド消費における東アジア依存の高さも指摘できます。日本政府は「２０２０年に訪日客４０００万人」という目標を掲げていましたが、パンデミック発生後、飲食・宿泊など対面型サービス業を中心とする中小・零細企業は資金繰りが厳しくなりました（観光庁が２０２４年１月17日に公表した２０２３年の訪日客数は２５０６万人とパンデミック前の２０１９年の８割に回復。訪日客の旅行消費額は５兆２９２３億円と過去最高となりました）。

日本社会に広がる「異様な萎縮ムード」が持続した結果、需要サイドから大きな下押し圧力がかかると予想される中、政府は大規模なパンデミック対策を打ち出しました（名目ＧＤＰが２０１９年10～12月期の水準に戻った時期は、米国が２０２１年４～６月期と１年半、ユーロ圏は２０２１年10～12月期と２年を要したことに比べ、日本は２０２３年４～６月期までずれ込みました）。

[4] 輸送コスト高・インバウンド需要によるサービス価格上昇

ヒト・モノ・カネの流れの変化

パンデミックの初期は、ヒト・モノ・カネのうち、特にモノの流れ（物流システム）の問題が深刻でしたが、アジア各国と日本が国内感染の拡大の封じ込めに躍起となる中、「ヒト」と「カネ」の流れも負けず劣らず重要となりました。その理由として、以下の要因が挙げられます。①ウイルスの変異によって感染者数が広まるリスクがある、②人々が外出や旅行を控え、企業は不要不急の出張や各種イベント開催を見合わせる中、家計・企業のマインドが冷え込んで経済活動が低迷する、③企業業績が悪化すると、中小・零細企業の資金繰り倒産のリスクが高まる。

「ヒト」と「モノ」が動かなければ、経済活動が停滞し、中小・零細企業の「カネ」回りが悪化することは、当然の帰結でした。

「ウィズコロナ時代」のマクロ政策

ここで、2000～2022年という「ウィズコロナ時代」のマクロ政策について簡単に振り返っておきましょう。「金融政策、財政政策、感染症対策」の組み合わせで議論すると、理解しやすいと思います。欧米主要国の感染対策は、的を絞ったロックダウンなど厳格な「行動制限」とコロナワクチンの大規模接種でした。一方で、当時の日本のパンデミック対策を振り返ると、２０２０年3月時点でWHOのテドロス事務局長は世界に向けて「検査！　検査！　検査！」と呼び掛けたにもかかわらず、日本では、ＰＣＲ検査件数が増えませんでした。本来は、民間の検査会社も活用し、希望者全員にＰＣＲ検査を実施できるように検査体制を拡充して「検査・隔離・追跡」を徹底すべきでした。

さらにワクチンの確保が十分でないにもかかわらず、「GO TOトラベル」など需要喚起策を打ち出した結果、感染を全国的に蔓延させた面もありました。言うまでもありませんが、ウイルスが変異を繰り返しながら感染状況が刻々と変化するため、法治国家の尊厳を守る必要上、（どの政権であっても）難しい対応を迫られたと思われます。

通常、マクロ政策の柱は金融政策と財政政策ですが、「ウィズコロナ時代」は、感染症対策の巧拙が、経済再開（リオープン）後の各国経済のパフォーマンスに大きな影響を与えました。「感染拡大防止」と「景気再起動」という政策課題は相反するマクロ政策面の課題があるため、様々なセーフティネットを用意しつつ、バランスを上手くとった政策対応が必要でした。例えば、①検査体制と医療提供体制の強化、②パンデミック対応で経営危機に直面する医療機関の経営支援などに財政資金を活用することで、財政刺激策と感染対策は補完的な関係になりました。

また、行動制限や外出制限の再開で企業の資金繰りが悪化した際、日銀は「企業金融の円滑化」

を支援したことで、金融政策と感染対策も補完性がありました。飲食・宿泊・観光・対面型小売り・航空輸送・自動車など、ウィズコロナで苦しむ個別企業の支払い余力が低下した場合、政策金融の活用、事業会社への資本性資金投入など財政資金の活用が検討されました。

安倍晋三首相（当時）は２０２０年5月25日に緊急事態宣言を解除して以降、景気浮揚を最優先する姿勢を継続し、菅義偉首相、岸田文雄首相は景気再起動に軸足を置いたマクロ政策に転じました。インバウンド需要の回復は、飲食・宿泊など対面型サービス業の浮揚策ですが、２０２２年以降、人手不足感と円安進行を受けて、コストプッシュ型のインフレ要因になりました。

［5］価格転嫁率の上昇

中小企業の「価格転嫁率」の引上げに強い意欲をみせる岸田首相

２０２１年10月の岸田政権誕生後、①中小企業の価格転嫁は諸外国に比べて遅れている、②原材料費・エネルギーコスト・労務費に加え、夏場以降の円安定着など全般的なコスト上昇を受けて、発注先企業への価格転嫁率を引き上げていかないと、企業倒産が増加する可能性が高い、③価格転嫁率を引き上げないと中小企業の賃上げは期待薄、との認識をベースに、公正取引委員会や中小企業庁を通じて、中小・零細企業のコスト上昇分を発注先企業（主に大企業・中堅企業）に対して適正に価格転嫁できるよう後押ししています。
　中小企業庁は２０２１年、3月と9月を「価格交渉促進月間」と位置づけ、価格交渉の協議状況や価格転嫁の実現状況等について、業種横断および業種別にフォローアップ調査を実施しています。[5]
２０２３年9月調査の価格転嫁の状況（コスト全般）は45・7％と、同3月調査の47・6％とほぼ同じ水準。転嫁率の内訳をみると、原材料費（3月48・2％→9月45・4％）、エネルギー費（3月35・0％→9月45・4％）、労務費（3月37・4％→9月36・7％）でした。

生産性上昇を伴った賃上げが重要

　内閣官房と公正取引委員会は２０２３年11月29日、物価に負けない賃上げを行うことが、デフレ脱却、経済の好循環の実現のために必要であるとし、「労務費の適切な転嫁のための価格交渉に関する指針」を公表。[6] この背景には、多くの場合、発注者のほうが取引上の立場が強く、受注者からはコストの中でも特に労務費の価格転嫁を言い出しにくい状況にあることを踏まえたものです。

　一方で、発注者サイドは受注者（中小企業など）に対して労務費の価格転嫁を受け入れる場合、納入する製品の高付加価値化を強く求める傾向が強く、中小企業の賃上げ率引上げには時間を要すると見込まれます。持続的な賃上げには、生産性上昇を伴った賃上げであることが重要です。なお、政府は中小企業の経営者に賃上げ余力を生むために労務費の価格転嫁を後押ししていますが、生産性上昇を伴わない労務費の価格転嫁が進めば、賃金と物価の悪循環が発生します。また、「Ｂ to

B」における価格転嫁は、時差を伴うものの、「B to C」の価格上昇圧力になります。

［6］エネルギー転換に伴う国際収支悪化——構造的な円安要因

脱炭素化につながる革新的イノベーションの実装化

気候変動は、全世界が直面する最大の難題の一つです。気候変動に伴う異常気象（洪水・干ばつ・山火事）から人類を守るためには、①資源の大量消費を見直し、社会が持続可能な水準まで経済成長を抑制するか、②脱炭素化を実現するためのブレークスルーとなるイノベーションによって（経済成長ペースを鈍化させずに）、「持続可能性の高い社会」を目指すという二つの経路があります。持続的な経済成長には、脱炭素化社会につながる革新的イノベーションを実装化するしかありません。

「エネルギー転換」に伴う貿易収支の悪化

日本政府は2020年10月、2050年までに温室効果ガスの排出を全体としてゼロとする「カーボンニュートラル」を目指すことを宣言しました。2050年のカーボンニュートラルを目指す上でも、エネルギー政策の要諦である、①エネルギーの安定供給、②経済効率性の向上による低コスト化、③環境適合（低炭素・脱炭素化）は重要です。この前提に立って、２０５０年のカーボンニュートラルを実現するためには、再生可能エネルギー（太陽光・風力・水力・地熱・バイオマスなど）を主力電源として最大限導入に取り組む必要があります。

一方、米国は２０２２年８月、インフレ抑制法（ＩＲＡ）を成立させ、気候変動対策やエネルギー安全保障に関連して、10年間で50兆円規模の投資促進策を決定しました。ＩＲＡは、歳出を上回る歳入を確保することで、米国の連邦財政赤字を10年間で40兆円程度削減し、中長期的視点でインフレ抑制効果を狙った法律です。ＩＲＡに盛り込まれた税額控除措置の対象は、以下の通りです。

① クリーン自動車に対する税額控除（米国等に由来する蓄電池を使用し、最終組み立てを米国内で行うことが適用条件）
② 製造業向けクリーンエネルギー投資
③ ＳＡＦ（持続可能な航空燃料）
④ 再生可能エネルギー（太陽光発電、地熱発電などの設備投資などに対する税額控除）
⑤ 原子力発電（生産比例型税額控除）
⑥ 多くのCO_2排出を削減する産業が対象（低炭素燃料等の先端技術を活用した製造装置導入への補助金）

図表1-2　日本の貿易収支（月次）

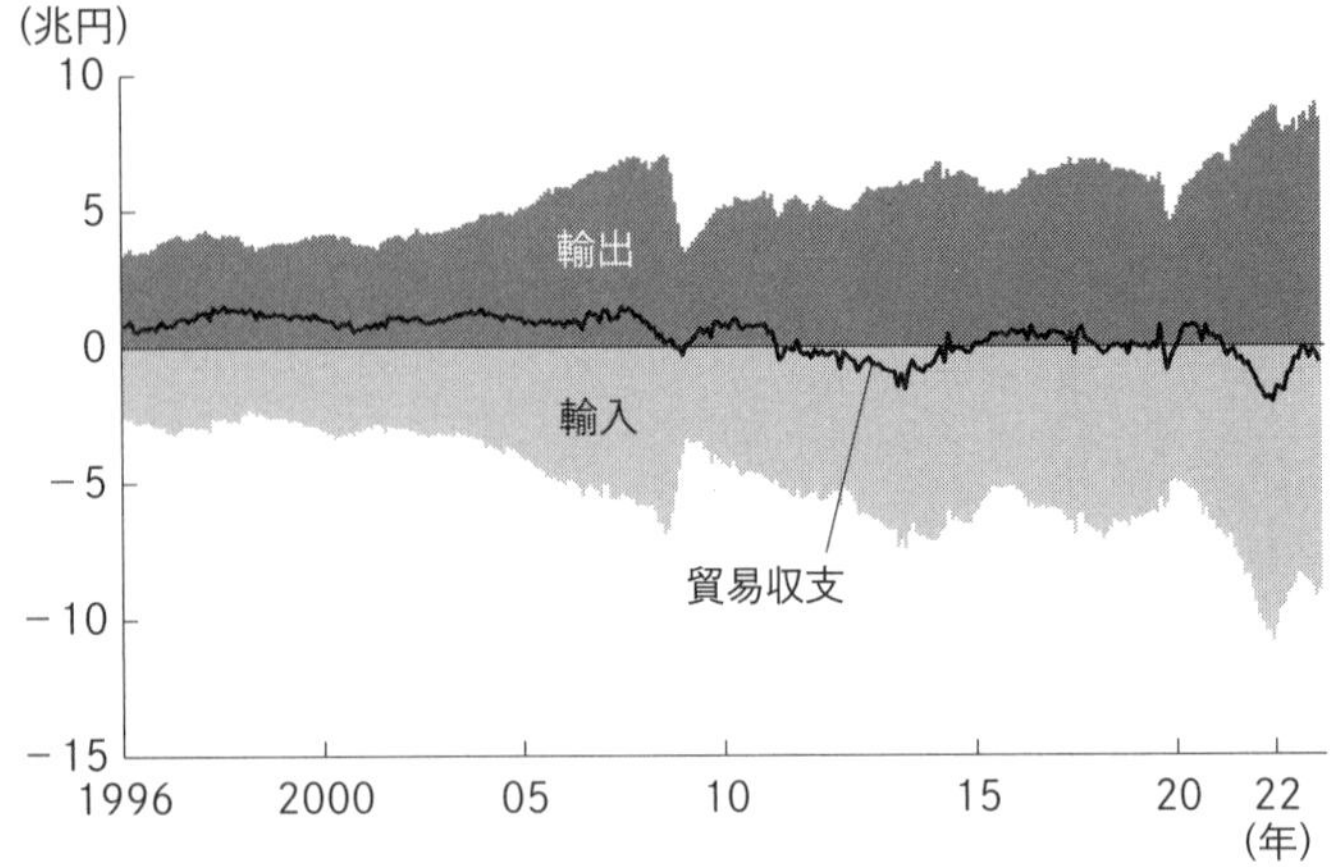

(注) 季節調整済み。
(出所) 日本銀行「国際収支統計」より筆者作成。

このように世界各国で、「産業政策」として財政資金を投入して脱炭素化を推進していきます。日本が、現行の火力発電から再生可能エネルギーへの「エネルギー転換」に真剣に取り組めばそれだけ、高いコストで水素・アンモニア・（蓄電池向けの）鉱物資源を海外から調達する必要があり、貿易収支の悪化は不可避です。

「エネルギー転換」に伴う貿易収支悪化は構造的なものになり、需給面から円安要因となります。日本では、カーボンニュートラル実現に向けた低炭素化・脱炭素化を目指す研究開発投資には総額１５０兆円が必要と言われており、ネットゼロの実現には、金融力を活かした成長戦略が重要です。

［7］企業の価格設定行動の強気化――「複合インフレ」の発生

グローバル化の巻き戻し――世界のディスインフレ環境に変調

パンデミックが発生する前、世界経済にディスインフレ圧力をかけていた構図は、①（移民の流入による）米国の賃金上昇圧力の抑制、②低い名目賃金により生産された安価な中国製品の米国への流入、③安価なロシアの天然ガスによるドイツ製造業の高い収益力、でした。

すなわち、中国やロシアからの安価な製品、原材料の輸入は、G7諸国のインフレ圧力を抑制すると同時に、中国や新興国にG7諸国の製品が流入し、中国も西側諸国への輸出拡大によって恩恵を受けるなど、世界経済全体の安定に大きく寄与しました。ロシアは天然ガスを安価な価格でドイツに輸出、ドイツは（低コストのロシア産天然ガスを使って）付加価値の高い製造業製品を生産・輸出、両国とも経常収支の黒字を享受できていました。

企業レベルでみると、特にグローバル企業は（国家間の多少の対立があっても）、海外生産での安い労働コスト、低い資金調達コスト、安価な化石燃料価格、外部委託による「規模の経済」の享受など、グローバリゼーション（グローバル化・デジタル化）とディスインフレ圧力の共存という「平和の配当」を謳歌してきました。

付加価値が高い商品やサービスに適正価格をチャージし始めた日本企業

グローバリゼーションの「平和の配当」が終焉を迎える中、輸入依存度が高い日本の物価環境も変化することは自然です。しかし、パンデミック後、日銀は、「供給ショックによるインフレ圧力」は一過性であると考え、大規模金融緩和の修正に消極的な姿勢を継続した結果、円安ドル高を不必要に進行させる要因になりました。

欧米主要国の「複合インフレ」は供給ショックの二次的影響、パンデミックによる一時的な人手不足感で説明できる一方で、日本の「複合インフレ」の特徴は、①輸入物価上昇によるコストプッシュ型のインフレ圧力、②構造的な人材不足（人材確保の困難化）、③価格転嫁の推進・最低賃金の引上げなど政府の賃上げと価格上昇の後押し、④企業が付加価値の高い製品やサービスに適正な対価を求めるという前向きな企業の価格設定行動の変化、が組み合わさっていることです。

日本の消費者物価におけるインフレ圧力が財からサービスへと変化してきた背景として、企業が「サービスはタダ」という慣習を見直し、ブランド力や付加価値が高い自社の商品やサービスに対して適正価格を顧客に負担してもらうという「企業の価格設定行動の変化」の兆しが挙げられます。企業が人材流出に対する危機感を覚え、賃上げのためにも値上げ（販売価格の引上げ）が必要と感じた面はあります。今後の課題は、「値上げをしても顧客満足度が下がらず、販売数量が減らないように、『適切な値付け』というマーケッティング戦略を展開できるかどうか」でしょう。

[8] 国際紛争の常態化——経済安全保障

2024年末に向けて難しい局面が増える日本

2024年の主要国の経済・物価情勢の不確実性は極めて高く、「主要国の金融政策の転換点」を巡る市場のコンセンサスは揺れ動くと予想されます。カギを握るのは、欧米主要国の「複合インフレ」の帰趨です。「パンデミック、気候変動、国際紛争」という供給ショックを起因とするインフレ圧力は粘っこく、主要中央銀行のポリシーメーカーは、経済・物価の先行き見通しを決め打ちすることができない状況です。

日本がこれまで良好な貿易構造を継続できたのは、通商面での「信頼関係」が存在していたためです。ただ、米中の新冷戦、ウクライナ戦争によって信頼感は崩れ、良好なサイクルは崩壊しました。米中のハイテク分野の覇権を巡る争い、ロシアによる欧州への天然ガス供給の制限、そして、経済安全保障の観点から「中国とロシアの経済協力の強化」によって、グローバルな低インフレ構造は崩れてしまいました。パンデミックとウクライナ戦争によって、「経済安全保障」の観点から、以下のような問題が引き起こされました。

①　最先端半導体、希少資源の確保の困難化
②　化石燃料価格の不安定化
③　安定的かつ持続的なグローバル・バリューチェーンの混乱
④　海上輸送に不可欠な主要航海ルートの安全性への懸念から海上輸送コストの上昇
⑤　経済同盟・経済連携（ＥＵ、ＴＰＰ11等）、安全保障上のパートナーによる「経済のローカル化」（ＮＡＴＯ、日米安保条約等）

米国の地政学的な比較優位性に変化はない

米国が世界の覇権を握り続けることができる理由は、米国の軍事力と経済力のパワーです。ロシアによるウクライナへの軍事侵攻を受けて、中国とロシアは、米国による世界の政治・経済・金融の覇権に挑戦中ですが、米国は、①アメリカ軍の代表的な海外基地によって地政学的な要所である主要海峡（ホルムズ海峡、ボスポラス海峡、ジブラルタル海峡、イギリス海峡、マラッカ海峡、台湾海峡、パナマ運河、スエズ運河、喜望峰、マゼラン海峡など）と主要航海ルートを押さえていること、②世界の基軸通貨、決済通貨としての米ドルの地位に揺るぎがない圧倒的な「金融力」をもっていること、③経済・軍事・地理的なポジションから西側諸国を主導しており、米国の地政学的な比較優位に変化はありません。日本を含む西側諸国は、経済のグローバル化による「平和の配当」のディスインフレ圧力の恩恵が期待薄の現在、これまで以上に米国の軍事力・経済力両面のパワー

に大きく依存せざるを得ません。

▼第1章のまとめ

本書は、「パンデミック、気候変動、国際紛争」という供給ショック、およびその二次的・三次的影響に起因するインフレ圧力は粘っこく、政策対応で抑え込むことが難しいことに警鐘を鳴らすことを目的の一つとしています。ピークの消費者物価上昇率は、欧州では10％超、米国は9％程度まで高まりました。欧米の主要中央銀行は、2％のインフレ目標を大幅に上回る高インフレ、そして、インフレ圧力の粘着性の高さへの認識が広がるにつれて、2022年から2023年前半にかけて大幅な金融引締めを実施しました。

一方で、パンデミック後、日本もピークのインフレ率は4％程度と久々に高まりましたが、コストプッシュ・インフレ圧力が鈍化する中、日銀は十分な確度をもって2％の「物価安定の目標」の持続的・安定的な実現を見通せないという理由で、大規模な金融緩和を続けてきました。しかし、2024年に入ってから「金融政策の正常化」に前向きな姿勢に転換する兆しがみえます。なお、日本企業が「サービスはタダ」という慣習を見直し、ブランド力や付加価値が高い自社の商品やサービスに対して適正価格を顧客にチャージするという「価格設定行動の変化」の兆しがみえることは勇気づけられます。

ポストコロナの世界経済はいくつかの構造変化と解釈される事象も少なくなく、主要各国は以下のような共通の課題があります。

○グローバリゼーションの後退 ⇓ インフレ圧力上昇、企業の気候変動対応を受けた脱炭素化を念頭においたサプライチェーンの再構築
○複合インフレ ⇓ 供給ショックの二次的影響、人手不足による賃金インフレ
○財政余力の低下 ⇓ パンデミックの後遺症（労働供給の減少）
○金融政策のサステナビリティ ⇓ 「有事対応」から「平時対応」への転換
○地政学的リスクの管理 ⇓ 国際協調体制づくりは難航。ウクライナ戦争の長期化に伴う資源・食料インフレのコントロール

第2章

パンデミックの後遺症

The Compound Inflation

［1］経済と金融の新常態《ニューノーマル》

米国経済は大方の予想を上回る底堅さをみせる一方で、欧州諸国は、「パンデミック、気候変動、国際紛争」という供給ショックに起因する「資源価格高騰によるコストプッシュ型のインフレ圧力」が高まり、「低成長と高インフレ率の共存」は長期化しています。一方で、雇用調整助成金で雇用の維持を優先した日本は、パンデミックからの「経済活動の再開」による賃金上昇率が低いことは仕方がありません。

粘っこい米国のインフレ圧力

米国のインフレ率（総合の米消費者物価、以下CPI（総合））は、2022年6月（前月比＋1・3％、前年同月比＋9・1％）で一旦ピークを付けた可能性が高く、2023年9月から2024年1月までの5カ月は同＋3％台で推移。2024年1月のCPI（総合）は前月比＋0・3％（12月同＋0・2％）、前年同月比＋3・1％（12月同＋3・4％）と市場予想を上回る伸びとなりました。食料とエネルギーを除いたコア部分は、前年同月比＋3・9％と2023年12月と同じ水準でしたが、前月比＋0・4％（12月同＋0・3％）と2023年5月以来の高い伸びとなりました。

アトランタ連銀が公表している「粘着性が高い品目を集めたＣＰＩ（The Atlanta Fed's sticky-price consumer price index)」をみると、①２０２４年１月の総合は前年同月比＋４・６％（２０２３年12月同＋４・６％）、②１月のコアは前年同月比＋４・６％（12月同４・６％）と、消費者物価の伸び率鈍化のペースは緩慢です。

米国のインフレ率低化ペースが鈍い理由は、ＣＰＩ（総合）の３割超、ＣＰＩ（コア）の約４割を占める住居費の高止まりです。総合ＣＰＩの住居費は前月比＋０・６％、前年同月比＋６・２％と引き続き高い伸びをみせています。今後のインフレ圧力は、住居費を除くサービス価格の下落ペースに依存しています。米国のインフレ圧力は粘っこく、Ｆｅｄの「インフレとの闘い」は長期戦になると予想されます。

日本の物価状況――価格上昇が財からサービスへシフト

一方で、日本の２０２４年１月の全国消費者物価（除く生鮮食品）は、前月比＋０・１％（２０２３年12月同＋０・２％）、前年同月比＋２・０％（２０２３年12月同＋２・３％）と22カ月連続で、２％の「物価安定の目標」を超えています。生鮮食品およびエネルギーを除く総合ＣＰＩは前月比＋０・２％（２０２３年12月＋０・２％）、前年同月比＋３・５％（同＋３・７％）でした。

図表2-1　日本の消費者物価への内訳

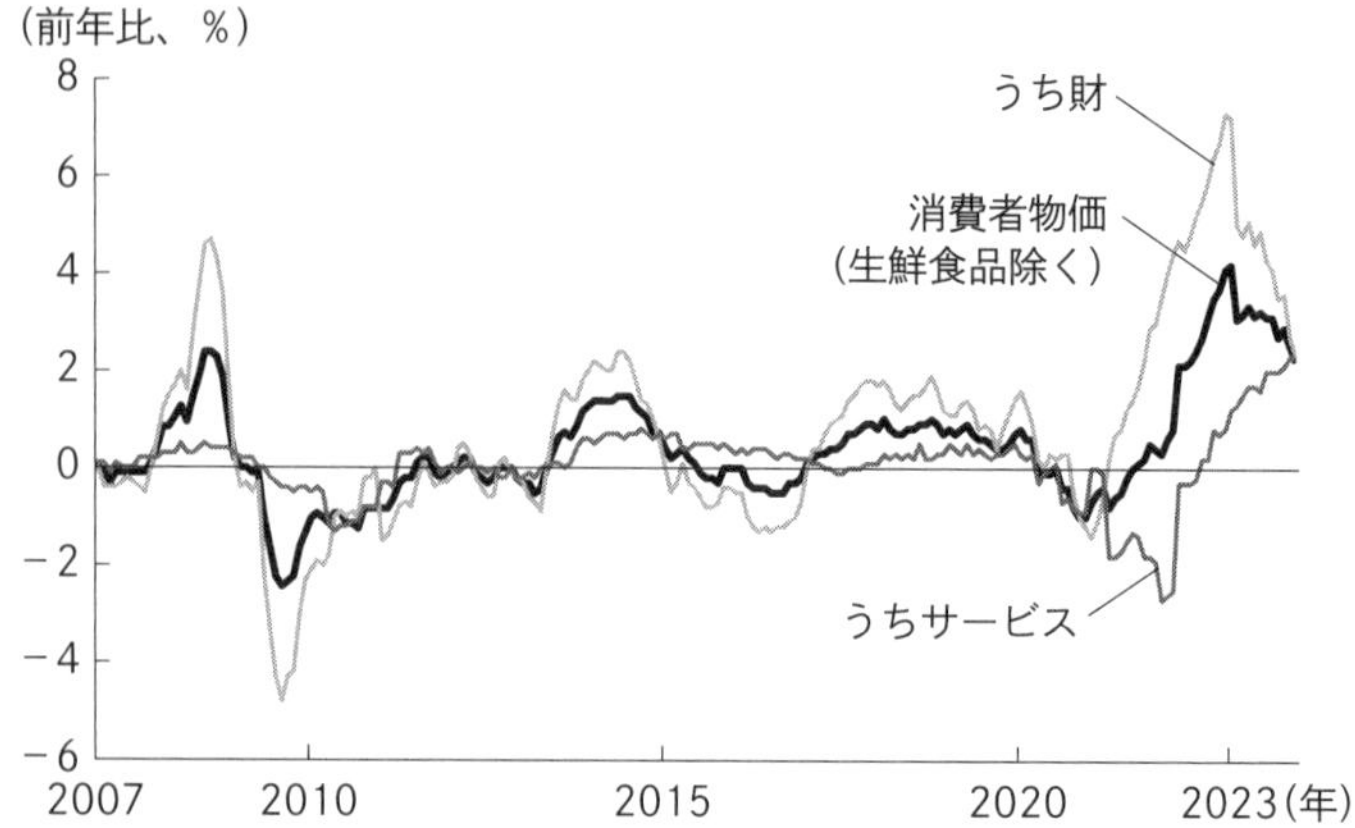

(注) 消費税調整済み。
(出所) 総務省、筆者作成。

総務省によれば、政府の「電気・ガス価格激変緩和対策事業」の影響(寄与度)は0・48%ポイントと試算されています。物価高対策がなければ、1月の全国消費者物価(除く生鮮食品)は同+2・5%程度という計算になります。

財とサービスの内訳をみると、「生鮮食品を除く財」が同+1・9%(2023年12月同+2・3%)まで鈍化する一方で、「持家の帰属家賃を除くサービス」は前年同月比+3・2%(2023年12月同+3・3%)、一般サービスは同+2・9%(同+3・1%)、宿泊料は同+26・9%(2023年12月同+59・0%)など、引き続き、交通費・ホテル宿泊料、宅配・引越し・教育サービスなどサービス価格の上昇圧力が目立ちます。インフレ圧力は財からサービスにシフトしてきました。今後についても、トラック運転手不足を受けた宅配便の値上げ(2024年4月)、郵便はがき・レターパック等の大幅値上げ（同6月以降）など、人手不足による人件費上昇でサービス価格上昇が予想されます。「サービスはタダ」という日本の古き悪い慣習が修正されれば、サービス業の生産性は大幅に上昇するでしょう。

家計の体感物価に近い「生鮮食品を除く食料」は1月は前年同月比＋5・9％（2023月12月同＋6・2％）と、円安一服の影響で鈍化してきましたが、2024年3月までの値上げ発表があり、価格転嫁は持続します。本書で取り扱う「複合インフレ」は変質を遂げながら、家計の負担増加が続いていきます。2023年後半からインフレ圧力上昇によって個人消費の下振れが目立っています。政府は「物価上昇に負けない賃上げ」を掲げ、最低賃金の引上げを進める方針ですが、賃金は物価の動きに遅行するため、「物価と賃金の好循環」を実現するには、まずは円相場を安定させ、インフレ率の押下げを優先すべきです。

振り返るとパンデミックは、「社会の復元力を問われるイベント」でした。米国・イギリス・ユーロ圏各国ともパンデミックの初期局面で失業者数が急増したものの、その後は雇用が急速に回復しました。欧米主要国の場合、2020年以降、①大規模な財政・金融政策、②mRNAワクチンの大規模接種によって実体経済はパンデミックへの強い耐性をみせました。一方で、日本の景気回復は緩やかなものにとどまりました。後段で「経済活動の再開」後も景気回復力が弱かった背景について考察します。

複雑かつ効率的な「グローバル・バリューチェーン」

輸送手段と情報通信インフラの発展、および貿易自由化の流れによって生産システムは大きな変貌を遂げています。ある製品を完成させるまでのサプライチェーンはもはや一つの国の中で完結するものではなく、生産工程（あるいは製品開発・製造・物流・販売）ごとに切り分けられ、各工程の業務が最も効率よく行われる国へと移転されるグローバル・バリューチェーン（ＧＶＣ）が進捗しました。グローバル化の進展によるインフレ圧力の低下は、「平和の配当」と言われます。

一般的に、先進国では、企業は相対的に賃金が低い国をサプライチェーンに取り込み、安価な中間財の調達にシフトすることによって、生産者物価や消費者物価が押し下げられてきました。国際生産分業の進展によって、かつては発展途上国や新興国であった国や地域が輸出主導型の高い成長経路に入りました。その良い事例が東アジア経済圏です。東アジア諸国が高付加価値の部品を生産し、中国の安価な労働力によって最終製品へと組み立てられ、欧米諸国へ輸出する「東アジア生産システム」が誕生したことで、東アジア諸国と中国は急速な産業高度化を実現しました。

企業の気候変動対応がグローバルに進展しており、取引先企業にも再生可能エネルギー電力の使用を求める企業が出現しています。今後、①再生可能エネルギーの増産、②ガソリン車からＢＥＶ（バッテリー式電気自動車）へのシフト、③再生可能エネルギーを使用する企業によるＧＶＣの再構築、につながる展開が予想されます。

金融政策の変遷

パンデミックは、金融政策にも大きな変化を迫りました。このことを理解するため、1970年代からの主要国における金融政策運営の変遷を振り返ってみましょう。

① 1970年代から1980年代初頭にかけてグローバルに深刻なスタグフレーションが発生しました。この際、インフレ・ターゲットは画期的な金融政策のツールであると高く評価され、主要中銀は「2%のインフレ目標」にインフレ期待をアンカーさせるという政策運営が主流となりました。Fedのボルカー元副議長やブンデスバンクのシュレジンジャー元総裁は、主導した代表的なセントラルベンカーです。

② 2008年のグローバル金融危機、東日本大震災、欧州財政危機などを受けて、主要国で低インフレ（あるいはデフレの脅威）が続いた結果、主要中銀はインフレ期待に対する伝統的な考え方を一時的に転換。「インフレ期待は常に上手くアンカーされている」という前提で、自然失業率（高インフレを誘因しない失業率）を大幅に下回るほど経済が過熱しても大きな問題は発生しないとの考え方が台頭しました。Fedの緩やかな「平均物価目標」、日銀の「オーバーシュート型コミットメント」です。

③ パンデミックの発生当初、主要中銀は、「パンデミック、気候変動、国際紛争」という供給サイドに起因するインフレ圧力を過小評価しました。パンデミック対応、需要刺激策や対面型サ

ービス業を中心とする人手不足による賃金インフレ圧力に当惑し、長期間にわたって低金利政策の継続をコミットする「フォワードガイダンス」の流行も、金融引締めを遅らせました。

④「パンデミック、気候変動、国際紛争」という供給ショックを受けて、多くの国は激しいインフレに見舞われました。一方で、利上げで総需要を抑制して「物価の安定」を目指す金融政策と、「金融の安定」を確保しようとする金融政策との間にはトレードオフの関係がある。民間部門（金融機関とノンバンク）が中央銀行の流動性に依存している中、サプライズ的な金融引き締めを行うと、資本市場が不安定化します。金融部門に打撃を与える恐れもあり、経済が小規模な混乱に直面しても全体が動揺しかねません。米国では、連邦規制当局がSNSの発達とデジタル化の影響で破綻した中堅銀行（デジタル・バンクラン）の預金の全額保護や銀行監督と規制強化に動く中、米国経済のソフトランディングが危ぶまれました（第7章で議論）。

⑤主要中央銀行は、「供給ショック」に起因するグローバルなインフレ圧力が長期化するリスクにも配慮する必要が生じています。「世界の分断」により既存の効率的なサプライチェーンが一旦分断され、新興国・途上国は資源・食料インフレの発生時、悪影響を受けやすくなったためです。

パンデミック後、長期間続いた低金利・低インフレの時代が終わり、欧米主要国は高インフレと高水準の公的・民間債務を特徴とする局面に突入しました。２００８年のグローバル金融危機後、主要中央銀行は金融の安定とデフレ懸念を伝統的な経済モデルに織り込むという差し迫ったニーズに直面し、非伝統的金融緩和に踏み切りました。ただ、当時と２０２０年代では、マクロ環境に相違点があります。

欧米主要中銀が引締め的な金融政策を継続していることもあり、「金融の安定」は依然として懸念事項です。ただ、欧米主要中銀は、ショックの特性を見極め、臨機応変な政策対応が必要となってきました。その際、考慮すべき要因として、①公的債務は高水準にあるため、インフレ圧力抑制のため政策金利を引き上げれば、債務返済コストが増大し、財政政策運営に直ちに広範な悪影響が及ぶこと、②２０２０年前半にパンデミックが始まって以降、大規模な財政刺激策が潜在的なインフレ要因になり得ることが明らかになったこと、③（グローバル金融危機後、主要国ではデフレやディスインフレ圧力に直面したが）現在は多くの国で「複合インフレ」に直面していること、などです。Ｆｅｄは、一足先に利下げを検討し始めました。

世界経済見通しの下方修正を続けたＩＭＦも経済見通しを上方修正

米国のバイデン政権は、パンデミック発生後、迅速なワクチン接種に加え、イエレン米財務長官が高圧経済アプローチに基づいて、（戦争を除き）過去に例のない大規模な財政出動（需給ギャップを穴埋めするに十二分な政策対応）を行いました。その結果、①賃金インフレ、②強制貯蓄によるペントアップ需要（繰り越し需要）の顕在化による景気過熱、が発生。財政出動で十分な対応ができているにもかかわらず、Ｆｅｄが資産買入れ等で潤沢に流動性を供給した結果、１９７０年代に発生したように、「政策対応の誤りでインフレが発生した事例」と言えます。ＩＭＦも２０２４年1月の『世界経済見通し』において、実質ＧＤＰ成長率を２０２３年、２０２４年ともに＋３・１％と、前回（２０２３年10月時点の予測）のそれぞれ＋３・０％、＋２・９％から小幅ながら上方修正しました（なお、２０２５年は＋３・２％）。

少し前に立ち返りますが、２０２１年当時、コロナワクチンの接種が進んだ先進国と、大幅に遅れた新興国・発展途上国の景気回復の違いについて、「Ｋ字回復」と言われましたが、先進国と途上国の景気回復の乖離は広がる一方です。ＷＨＯはワクチンの問題、ＩＭＦはデジタル化やグリーン投資など経済刺激策を重視しましたが、政府債務残高、民間の債務拡大への警鐘は後退していました。

ＩＭＦトップのゲオルギエワ専務理事は２０２２年4月20日、2月24日のロシアによるウクライナ侵攻について、「まだコロナ禍の影響から世界経済が立ち直っていない中で、危機の上に危機を重ねることになった。ロシアのウクライナ軍事侵攻は、インフレに拍車をかけ、多くの国の経済にはっきりとした脅威をもたらしている。世界情勢は緊迫しているが、世界経済をこれ以上悪化させないために各国の協力が必要になっている」と、ウクライナ戦争の影響を抑えるために、各国の緊密な連携が不可欠だと呼びかけています。

ＩＭＦによる２０２２年4月の『世界経済見通し』のタイトルは、「戦争が経済回復を抑制する」

（War Set Back the Global Recovery）でした。この中で、２０２２年の世界の経済成長を大幅に下方修正。「物価上昇が加速するだろう。燃料と食料の価格が急上昇しており、低所得国の脆弱層が一番大きな影響を受けている」と明記しました。世界全体の実質ＧＤＰ成長率は２０２１年の前年比推計＋６・１％から、２０２２年と２０２３年は同＋３・６％となる予測が出されました（２０２２年１月予測から、それぞれ０・８％ポイントと０・２％ポイント下方修正。新興国・途上国の下方修正幅が大きい）。

この『世界経済見通し』では、「戦争が主な要因で一次産品が値上がりし、物価圧力は広範囲に及んでいる。２０２２年のインフレ率予測は先進国が５・７％、新興国と発展途上国が８・７％となり、２０２２年１月時点の予測から１・８％ポイントと２・８％ポイント上方修正されました。人道危機に対応し、経済のさらなる細分化を阻止し、世界的な流動性を保ち、過剰債務の問題を管理し、気候変動に立ち向かい、コロナ禍に終止符を打つための多国間での努力が不可欠となる」と、インフレへの懸念が示されました。

２０２３年7月の『世界経済見通し』では、「インフレに対処するための中央銀行による政策金利の引上げが続き、経済活動の重しとなっている。世界の総合インフレ率は、２０２２年の８・７％から、２０２３年は6・８％、２０２４年は5・２％へ鈍化する見込み」とされました。２０２３年10月の『世界経済見通し』では、「世界のインフレ率は、国際的な一次産品価格の下落が金融政策の引締めと合わさり、２０２２年の８・７％から２０２３年は6・９％、２０２４年は５・８％

図表2-2 IMF『世界経済見通し』のタイトルと成長率予測

2022年1月	「感染件数の増加、景気回復の停滞、そしてインフレ率の上昇」 “Rising Caseloads, A Disrupted Recovery, And Higher Inflation” +5.9％（2021年）, +4.4％（2022年）, +3.8％（2023年）
2022年4月	「戦争が経済回復を抑制する」 “War Set Back the Global Recovery” +6.1％（同）, +3.6％（同）, +3.6％（同）
2022年7月	「陰り見え、不透明感増す」 “Gloomy and More Uncertain” +6.1％（同）, +3.2％（同）, +2.9％（同）
2022年10月	「生活費危機への対処」 “Countering the Cost-of-Living Crisis” +6.0％（同）, +3.2％（同）, +2.7％（同）
2023年1月	「緩慢な経済成長　インフレ、ピークに達する」 “Inflation Peaking Amid Low Growth” +3.4％（2022年）, +2.9％（2023年）, +3.1％（2024年）
2023年4月	「不安定な回復」 “A Rocky Recovery” +3.4％（同）, +2.8％（同）, +3.0％（同）
2023年7月	「短期的な強靭性　続く課題」 “Near-term Resilience, Persistent Challenges” +3.5％（同）, +3.0％（同）, +3.0％（同）
2023年10月	「格差広がる　世界の舵取り」 “Navigating Global Divergences” +3.5％（同）, +3.0％（同）, +2.9％（同）
2024年1月	「インフレ率の鈍化と安定的な成長　ソフトランディングへの道開ける」 “Moderating Inflation and Steady Growth Open Path to Soft Landing” +3.1％（2023年）, +3.1％（2024年）, +3.2％（2025年）

（出所）IMF、筆者作成

へと安定的に鈍化する見込みである。コア・インフレ率は総じて、より緩やかなペースで鈍化し、大半の地域で、2025年まで目標値まで戻らない見通しである」と、インフレ率の鈍化に慎重な見方でした。

しかし、2024年1月の『世界経済見通し』では、「供給サイドの問題が解消し、引締め的な金融政策が続く中、インフレ率は大半の地域で予想以上に速く低下している。世界の総合インフレ率は2024年に5・8％、2025年に4・4％へと鈍化する見込みで、2025年の予測は下方修正された。ディスインフレと着実な成長に伴い、ハードランディング（強行着陸）となる可能性が低下し、世界経済成長に対するリスクは概ね均衡がとれている」と、インフレ見通しに楽観的となり、ソフトランディングの実現に自信を深めています。

政策金利を高水準に維持する欧米主要中銀

欧米主要中銀は2022年に入り、①サプライチェーンの混乱など供給ショックによる「コストプッシュ型のインフレ圧力」の持続性の高さ、②人手不足による賃金インフレ圧力の高止まり、③「低成長と高インフレの共存（低失業率と人手不足の共存）」、という共通認識に基づき、金融引締めに踏み切りました。米国では、パンデミック発生後、高齢者が労働市場に戻らず、移民の数が減少していました。

パウエル議長は、2022年7月のFOMC後の定例記者会見で、供給サイドと需要サイドの両方のインフレ圧力ともに粘着性が高い中、①２％のインフレ目標にリアンカリングするためには、経済活動をトレンド成長率以下でしばらくの間、推移する必要がある、②インフレ率を押し下げないと、持続的な景気回復は期待できない、との認識をＦＯＭＣメンバーが共有していることを示唆。インフレ圧力が明確に鈍化する確信が持てるまで、利上げ継続はともかく、金融緩和に転じることはなく、フェデラル・ファンド（ＦＦ）金利誘導目標を長期間、高水準に維持する考え方（"higher-for-longer"）を示しました。

このような判断に至った背景には、景気減速感が多少強まった程度（あるいは失業率が多少上がった程度）では、「インフレ圧力の沈静化は期待薄」と判断される「ニューノーマルな物価環境」に陥ったとの判断があります。

一方で、欧州中央銀行のラガルド総裁も、２０２３年6月27日、ポルトガルのシントラで開催された恒例のＥＣＢの国際金融会議「ＥＣＢフォーラム」において、「パンデミック後のインフレ圧力の上昇は、エネルギー価格高騰が主因の一時的なものとみていたが、経済に広く浸透し、今後も継続する可能性がある。ユーロ圏では賃金の力強い上昇と想定外に鈍い生産性上昇が相まってインフレ圧力が高まっている」と、インフレとの闘いが長期戦になる覚悟を示しました。

中国の「ゼロコロナ政策」が失敗した背景

中国政府が「ゼロコロナ政策」という厳格な行動制限を行っていた背景には、①感染症が広範囲に拡大した場合に対応できる病床の不足、②集中治療室（ＩＣＵ）不足による重症のコロナ患者の受入れ体制の弱さ、③（高齢者の）ワクチン接種の遅れ、④「ワクチン政策」の失敗、などがありました。

　中国では、ファイザー製やモデルナ製など欧米製のｍＲＮＡワクチンの使用を認めず、発症を予防する有効性がそれらの半分程度とも言われるシノバックやシノファームなど中国製ワクチンの接種以外の選択肢がありませんでした。しかし、中国製ワクチンは効果が低い、副作用が怖いといった噂が広がり、数千万人の高齢者がワクチン接種を拒否したと言われます。

　中国政府は「ゼロコロナ政策」を２０２２年12月に前倒し的に廃止しましたが、「ゼロコロナ政策」の長期化は、中国経済の停滞を長期化させました。特に、大学卒業者の就職難は深刻で、若年層（16～24歳）の失業率は２０２３年６月時点で21・３％を記録。中国政府は同年８月から数字の公表を停止（２０２４年に入り、就活学生を除いた数値で公表再開）。中国政府は２０２３年12月11日・12日、２０２４年の経済政策を議論するため、毎年恒例の「中央経済工作会議」を開催しました。不動産市場の低迷、内需の低迷にもかかわらず、民間のイノベーションを支援する財政政策を積極的に運営する方針を確認するにとどまり、踏み込んだ経済対策は打ち出されませんでした。中国経済の回復にも時間を要すると思われます。[7]

[2] 生産年齢人口の減少、人材確保の困難化

人口動態の影響

日本では、生産年齢人口（15～64歳）が1995年の8726万人をピークに減少しています。国立社会保障・人口問題研究所が2023年に公表した「日本の将来推計人口」によれば、生産年齢人口は2020年に7509万人、1995年対比▲14％と大幅に減少しています。さらに2032年には7000万人を下回り、2070年には4535万人になると推計されています。実際の出生者数は人口推計よりも減少しており、短期的には趨勢を変えることができないのが人口動態の問題です。

マクロ的にみると、企業の新陳代謝を促し、労働生産性を高めることは不可欠です。ただ、潜在成長率をプラスに維持する、あるいは、「社会の持続可能性」を維持するために、①多様な外国人労働者の積極的な受入れ、②人型ロボットやAIの活用、③（社会的抵抗が強いと思われますが）移民受入れといった対応から目をそらすわけにはいきません。

日本の労働慣行の特徴は、「賃上げよりも雇用維持」です。終身雇用制度は雇用の安定という社会的なセーフティネットを提供するメリットがありました。ただ、経済のグローバル化やAIなど

テクノロジーの発達など新しい成長分野が台頭する中、終身雇用制度は、雇用の流動化や雇用の適正な再配置を妨げ、イノベーションを阻害して潜在成長率を低下させるリスクがあるため、経済環境の変化に柔軟に対応できる労働市場に転換できることが理想です。

日本の低成長の主因――少子高齢化と労働力人口の減少

インド準備銀行のラジャン元総裁は2023年3月、IMFの季刊誌に寄稿した論考（"FOR CENTRAL BANKS, LESS IS MORE"[8]）において、日本について、「デフレスパイラルに陥らない限り、低インフレを過度に心配する必要はない。日本の数十年にわたる低インフレが、日本の成長や労働生産性の伸びを鈍化させたわけではない。人口動態（少子高齢化）や労働力人口の減少がより大きな原因である」とコメントしています。

同じIMFの季刊誌に寄稿した日銀の白川方明元総裁は、要約すると次のように指摘しています。

① 長期間にわたる金融緩和が生産性向上に深刻な悪影響を与えた。急速に進む高齢化や人口減少問題などへの対応を遅らせた。インフレ目標の設定など現行の金融政策の枠組みを再考する機は熟している。

② （パンデミック一巡後の経済再開に伴うインフレ発生に対して欧米主要中銀の政策対応が遅れた理由については）デフレに対する根拠なき恐怖である。今回のインフレ発生前、主要中銀

が強く懸念していたのは低インフレであった。彼らは、インフレは一過性であると確信的に主張し、急激なインフレ圧力上昇を抑制できなかった。パンデミックとウクライナ戦争に伴うインフレ圧力は、世界的なサプライチェーンの混乱など供給サイドの要因が引き金になったものの、インフレの衝撃は金融環境によって異なるため、各国の金融政策の対応の遅れについて罪がないとはいえない。

筆者も、ラジャン氏と白川氏の見解に共感を覚えます。バブル崩壊後、日本がデフレに陥った背景について再考してみると、潜在成長率の下方屈折の「原因分析」と「処方箋」を間違えたことが大きいと思います。生産年齢人口のピークアウトなど人口動態の悪化は１９９０年代からスタートしており、労働市場の流動性の低下など適切な資源配分を阻害した面があります。

人材確保が大きな課題

第１章で、欧米主要国では、①対面型サービス業を中心とする人手不足、高齢者の労働市場からの退出、②プライムエイジの労働市場からの退出による労働参加率の低下、③労働供給減少により「賃金と物価の悪いスパイラル」を発生するリスク、に直面したと述べました。

生産年齢人口が減少している日本でも、パンデミック後、人手不足感が強まっています。ハイエンドの製造業やＩＴ分野では、高い技能を持つスタッフやデジタル・トランスフォーメーション

図表2-3　日本の潜在成長率

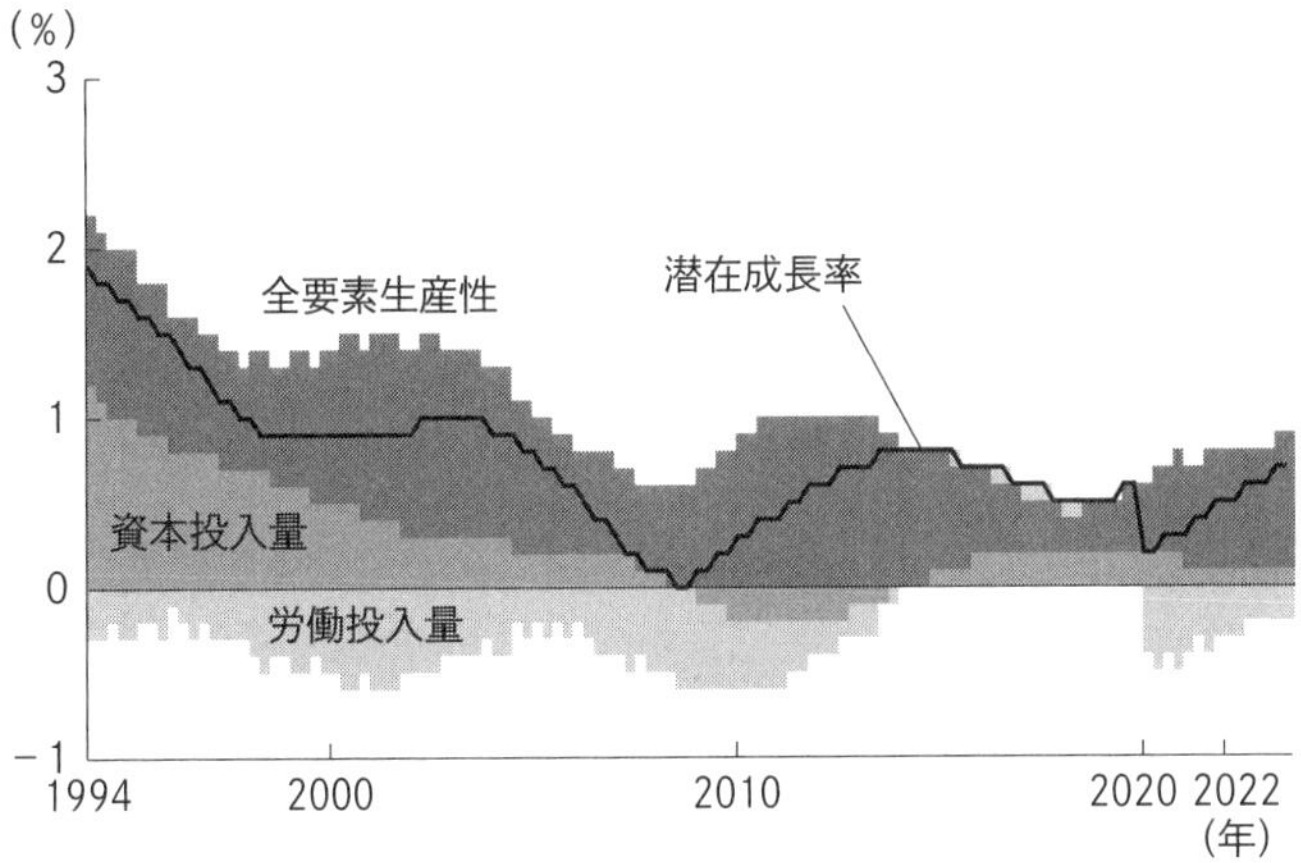

(注) 潜在成長率は前期比年率。
(出所) 内閣府、筆者作成。

（DX）人材が外資系企業にヘッドハンティングされる事例が増えています。グローバル人材を確保するためには、米ドルベースでみた賃金を競争的な水準に引き上げる必要があります。政府と日銀は、春闘に注目しているようですが、日本でも人材確保のため賃上げは不可避になってくると思われます。中小企業の価格転嫁率の上昇、企業の価格設定行動の変化を踏まえた賃上げ気運の高まりは、潮流変化と判断されます。

日本銀行は2023年6月9日、さくらレポート（別冊）「地域の企業における人材確保に向けた取り組み」を発行しました。その中で、「景気が回復に向かう中で、人手不足を反映して賃上げ圧力が強まっており、特に①若年層、②DX人材などの専門人材、③宿泊・飲食等の対面型サービス業、などの人手不足感が強い」

と指摘。①と③は、都道府県別の有効求人倍率や合計特殊出生率の違いにより地域格差は相応にあります。②は、専門人材確保のための賃上げは不可避です。

超高齢社会に入り、各種のロボットで一部の業務を代替することを検討する必要があります。医療・介護・理学療法士などエッセンシャルワーカーは、激務の割に処遇・報酬が低く、人材流出が目立ちます。パンデミック後の経済再開によるインバウンド回復を受けて、観光・飲食など対面型サービス業では、急激な需要回復を受けて人手不足から人材供給が追い付かず、ホテルは稼働率を抑制、ファミリーレストランは深夜営業を短縮という話が聞かれます。

日銀は2023年10月の「地域経済報告」(さくらレポート)で、以下のような声を拾っています。

- ●今年度の賃上げは、同規模企業より高めとしたほか、現状の経営状況であれば来年度も継続できるため、世間標準に見劣りしないよう実施する方針。
- ●今年度は、先行きの物価上昇を織り込む形でベア率を決めた。来年度は、他社動向等を踏まえつつではあるが、物価上昇率の見通しが今後大きく高まらない限り、ベア率は縮小するだろう。
- ●競合大手と同程度の賃上げを実施した今年に続き、来年も競合大手が賃上げに動けば、利益が多少圧迫されても追随せざるを得ない。
- ●ドライバー確保のため賃上げは必須だと思うが、荷主との価格交渉難航や燃料価格高騰を受けて、最低賃金を若干上回る水準までの賃上げが限界。

一方で、２０２４年１月の「さくらレポート」をみると、「賃上げトレンドを継続するという方針に変化はなく、２０２４年も２０２３年以上の賃上げができるよう前向きに検討する考え」「賃上げは収益の圧迫要因になるものの、同業他社が賃上げを進める限りは、人材流出を防ぐため追随せざるを得ない」と、３カ月前に比べて賃上げに前向きな声が増えています。

ただ、「２０２４年の賃上げは、大企業では前年以上の上げ幅を見込む先が多い一方、中小企業では業績良好でも前年並みとする慎重先が目立つ」「雇用者の過半を占めるアルバイトの人件費が、最低賃金改定を受けた時給引き上げにより増加しており、正社員のベアを実施する余裕がない」と、大企業に比べて中小企業は賃上げに慎重な声も少なくありません。政府は最低賃金引上げを賃上げの切り札と考えているようですが、それでも人材が確保できず、「人手不足倒産」が増加するリスクがあります。

生産性上昇を伴った賃上げが重要

人材確保の困難さについて、①有効求人倍率の水準、②人口減少社会かどうか、③ＤＸ人材の層の厚さ、④雇用のミスマッチによる人手不足の度合いなど、地域による違いがあることも事実です。例えば沖縄県の場合、本土対比では出生率が高いため、過疎化が進んでいる地域に比べれば、人口減少問題はまだ深刻化していません。

産業界は、省力化投資や人的投資により労働生産性を向上させることで人手不足を克服していく気運です。楽観的にみれば、こうした取り組みが奏功して、日本経済の成長力が高まることが期待され、中長期的には「供給制約によって景気回復力が弱まる」状況を、生産性の向上によって、いかに解消することができるか、という未来予想図が描けます。

一方で、悲観的にみれば、ＩＴ技術などを活かした省人化投資を進めても生産性を引き上げられない企業が多い場合、倒産件数や自主廃業の増加によって地域経済に下押し圧力がかかります。後継者難に直面する中小・零細企業が多い中、経営体力があるうちに、Ｍ＆Ａや事業転換を前向きに議論すべきです。金融サービス業には、目利き力と提案力が期待されます。

日銀が公表した「展望レポート（２０２３年10月）」の（ＢＯＸ１）では、①大企業の労働組合を中心とする連合加盟先について、個社の賃金改定率の分布をみると、各産業のリーダー企業が高水準の賃金改定を実施し、それに多くの企業が追随する動きがみられた、②中小企業を含め、幅広い先で賃金改定が実現した背景には、物価上昇率の高まりに加え、少子高齢化にも起因するマクロ的な人手不足感の強まりがある、③特に、若年層や高度人材については人手不足感の強まりが目立っており、これらの層を中心に、従来、流動性が低く、人材確保のための賃金改定圧力が小さいとされてきた正社員についても、近年、転職市場が急速に拡大しているなど、雇用の流動化が進んでいる、と分析しています。[10]

日銀が２０２４年１月24日に公表した「展望レポート（２０２４年１月）」の（ＢＯＸ２）では、

①「企業収益の改善は、企業規模や業種などに応じて、相応のばらつきがある」、②「企業収益の水準が低く、労働分配率がすでに高い企業などでは、賃金の引き上げにより、従業員への分配を増やすことが容易でない可能性もある。ただし、法人企業統計と短観の個票をマッチングして分析すると、労働分配率の高い企業であっても、人手不足感の強まりや、販売価格の引き上げによる収益改善がみられるような環境では、高めの賃上げを実施する傾向があることがわかる」と述べ、「労働需給の引き締まりが続き、企業の前向きな価格設定行動が定着していくなかで、企業収益が拡大するとともに、賃金設定行動も変化していくことが期待される」としています。この（ＢＯＸ２）は、企業の賃金・価格設定行動が変化しており、物価→賃金、賃金→販売価格、企業収益拡大→賃金、という前向きな企業行動が分析されています。

［３］不可逆的な労働市場の構造変化

地域経済の活性化――今後数年間は重要な局面

もはや大都市以外の地域経済においては、人口減による人手不足が深刻化し、２０１０年代のような女性や高齢者の投入による補充がきかないとの認識も広がってきています。日本は超高齢社会に入っており、少子高齢化が深刻な北アジアの中でも日本の人材確保は最も深刻で、労働市場の

「供給制約」によって経済成長の「壁」に直面するリスクがあります。

地域経済の活性化という観点では、これから数年は大事な時期になります。都道府県別にみると、全国平均よりも早く人口減少が始まり、先行きの人口減少テンポも速いという人口動態予測がある地域では、人材確保のためには従来よりも踏み込んだ処遇改善が求められており、その原資のために製品の販売価格を値上げせざるを得ないという声が聞かれます。生産年齢人口の減少が顕著な地域では、景気サイクルに関係なく、中長期的にみた地域経済の成長性に悲観的であり、都市部と地域との経済力格差が広がる蓋然性が高いと思われます。

半導体・AIなど先端技術分野でのDX人材確保は、「日本再生」の重要な論点

DX人材など専門人材の雇用確保には、大幅な賃上げが不可欠です。最先端半導体の生産を手掛けるTSMCの工場を熊本県に誘致したケースの場合、国際的な人材争奪戦に巻き込まれる可能性があります。半導体の生産を手掛ける専門人材の賃金水準で、日本は欧米やアジアの国際企業に及ばないため、生産性の高いグローバル人材の海外流出を避けるため、大幅に賃上げを行う必要があります。慢性的な労働力不足のもと、高成長分野への労働者のシフト、リショアリング（最先端半導体、自動車）、労働者の生産性上昇がないと、潜在成長率が高まりません。人口動態の悪化による生産年齢人口の減少を受けて、日本経済は、所得から支出への前向きな循環メカニズム、トリクルダウン（富裕層がより富裕になれば、低所得者層に富が波及するという考え方）が益々発生しに

くなっています。

なお、経済のグローバル化やＡＩなど革新的なテクノロジーが発達し、新しい成長分野が誕生する中、①終身雇用制度、②年功序列型の企業の賃金設定行動、③転職者に不利な社会保障・退職金税制など、従来の日本の社会慣行は、円滑な雇用の適正な再配置を妨げ、イノベーションを阻害してきた面があります。政府は、グローバルな競争激化という経済構造に柔軟にシフトするためにも、企業の新陳代謝を促し、労働市場の流動性を高める方向に舵を切る覚悟が必要と思います。

［4］「広義の安全保障」への対応を怠ってきたツケ

日本の医療提供体制の弱点を露呈したパンデミック

パンデミックで明らかになった様々な課題の一つとして、感染症治療に必要な医療提供体制に関する以下のような課題が挙げられます。①医療提供者（医師、看護師、薬剤師、臨床工学技士）、②新型コロナウイルス感染症に対応できる病床（含むＩＣＵ病床）、③医療機器（人工呼吸器や体外式膜型人工肺［ＥＣＭＯ］）、④医療物資（医療用防護服、消毒液、Ｎ95マスク等）、などです。
①〜④のどれが不足しても、新型コロナの重症患者の治療は難しく、重症患者の受入れ可能な病床と医療従事者の確保など、ハードとソフトの両面から整備が必要です。日本では、感染症の専門

医が1人しかいない病院が少なくありません。ＥＣＭＯを装着するには、10人程度の看護師が24時間体制で患者を看護する必要があります。新型コロナ対応が可能な病院の中には、こうした体制が整えられないために重症者の受入れを断っている例もみられました。

新型コロナ感染の「第3波」が到来した当時、メディアでは感染爆発によって病床が不足し、「医療崩壊」の危機に差し掛かっているとの論調が多くみられました。しかし、国民皆保険制度を採用している日本の全病床数（一般病床、療養病床、感染症病床、結核病床、精神病床）は人口千人当たりでみると、全てのＯＥＣＤ諸国の中で韓国とともに突出して多いとされています。新型コロナ感染症を担う病院は、医療従事者、医療物資、医療機器の確保が不可欠です。病床数が多いはずの日本が病床不足で医療崩壊が懸念された背景には、専門医の不足、ＩＣＵ病床やＥＣＭＯ治療体制の不足など「需給のミスマッチ」がありました。パンデミックは、小規模な病院が多数設立された結果、専門医など医療資源が分散している日本の医療提供体制の弱点を浮き彫りにしました。

危機管理の観点からは、①感染症学の専門家は、明確なデータとエビデンスに基づいて科学的な見解を述べる、②感染症対策は、「前倒し的に」「大きく構え」「短期集中的」に行うことが求められます。また、リスクコミュニケーションの点では、明確なビジョン、説得力、責任感がそろってはじめて国民に評価され、効果を発揮します。パンデミックが発生した２０２０年当時、政府の分科会（当時）は十分なデータやエビデンスに基づかず、様々な提言をしているようみえました。

日本のパンデミック対策の初期時点における大きな問題は、ＰＣＲ検査の実施数を少なく抑えてきたことです。繰り返しになりますが、ＷＨＯのテドロス事務局長は世界に向けて「検査！　検査！　検査！」と呼び掛けました。諸外国では検査件数が劇的に増加した一方、日本では、医師が必要と判断しても検査ができない事例が相次ぎました。検査件数が不十分な場合、①感染者の診断、治療が遅れ、病状を悪化させる心配がある、②無症状・軽症の感染者を早く見つけて隔離することが困難になる、など感染拡大の抑制が難しくなります。

菅義偉首相（当時）は、ワクチン接種を感染対策の切り札とみて、「とにかく早くワクチンを打て」という号令をかけてワクチン接種を加速させましたが、パンデミックを収束させる明確な戦略はありませんでした。そもそもワクチン接種の加速は、最も効果的なマクロ経済対策であり、費用対効果の観点からも、時短営業や営業自粛に応じた飲食店に対して協力金を支払い続けるよりも、もっと早い段階で検討すべきでした。今後数年以内に新たな感染症が流行する可能性もあります。パンデミックは、日本の地域医療体制を実践的に見直す好機でした。感染爆発が発生するたびに経済活動を停滞させる状況から卒業する必要があります。医療資源の配分は、社会保障改革の観点から重要です。

政府のデジタル化の遅れ

パンデミックによって事業継続が難しくなった企業に対して、政治は議員立法によって各種の給付金を支給しようとしました。欧州諸国に比べて企業支援が大幅に遅れた一因は、政府のデジタル化の遅れから、本当に支援が必要な事業者を特定するための紐づけが手作業にならざるを得なかったことも指摘できます。

日本のパンデミック対策は様々な不手際が指摘されているものの、新型コロナによる「国内死者数」は7万4694人と主要国に比べて少ない数に抑えられています（新型コロナウイルス感染症の「5類移行」に伴い、死者数と重症者数の公表は2023年5月8日が最後。2023年3月10日公表の米国のジョンズ・ホプキンス大学が集計しているデータによれば、新型コロナによる死者数は、米国112・4万人、ブラジル69・9万人、インドは53・1万人、ロシア38・8万人、メキシコ33・3万人、イギリス22・9万人、イタリア18・8万人、ドイツ16・9万人、フランスは16・2万人、イラン14・4万人、アルゼンチン13・0万人、スペイン11・9万人、トルコ10・1万人、日本7・3万人、韓国3・4万人、台湾1・8万人）。

パンデミックは、「広義の安全保障」に関する対応を怠ってきた問題が露呈しました。医療、教育、国防、社会インフラは本来、「安全保障の根幹」です。安全保障政策は、ウクライナ戦争の泥沼化・長期化や台湾海峡の緊張への対応という防衛問題にとどまりません。例えば、老朽化した社会インフラの修繕・補修の遅れは、地震や土砂災害・浸水など災害時の被害を大きくし、物流網・供給網が寸断され、被災地の復旧に時間を要します。人口減少社会に適応した社会保障政策の再構築など、国民的な議論を踏まえ、優先順位をつけるべき問題は数多くあります。

近年では、世界中で異常気象が猛威をふるい、山火事（トルコやイタリア、オーストラリア、米国など）、大洪水（ドイツやイタリア）が多発しています。地球温暖化の影響で、国際商品価格の高止まりも継続しています。ただ、環境対策・気候変動問題を日本に引き付けて考えた場合、脱炭素化を大義名分とした再生可能エネルギーやＥＶ開発よりも、治水対策を最優先すべきでしょう。

巨額な予算を投じて温暖化を阻止しても、その効果の発現は数十年後となる可能性があるならば、①医療提供体制の強化・見直しを含めた感染症への対応、②豪雨による土石流で多くの犠牲者が出る状況を解消するために、豪雨対策として治水事業を優先するかもしれません。気候変動対策は中長期的に不可避ですが、パンデミック対策の長期化で財政余力が乏しくなっています。減災・防災など環境対策、脱炭素化対策に投入する財政資金の投入先の優先順位は、国民的には重要なテーマです。

能登半島地震は潜在的なインフレ要因——供給網の寸断、財政支出の拡大

２０２４年元日には能登半島地震が発生しました。被災された方々に心よりお見舞いを申し上げると同時に、被災者の治療や介護を継続する自衛隊・消防士、医療従事者などエッセンシャルワーカーおよび全国各地から被災地支援に乗り込んでいるボランティアの方々に敬意を表します。

被災者の救済、復旧コストについては国費を惜しまず投入すべきですが、被災地を震災前の状態に戻すのでは、潜在的なインフレ要因になりかねません。地方自治体が行政サービスの提供を効率的に継続するために、限界集落の集約など国土計画を見直すモデルケースとすることは検討に値し

ます。能登半島全体を強靭化するために英知を結集すべきです。

老朽化した社会インフラの整備・点検の遅れ

能登半島地震の発生は、以下のような教訓を突き付けました。

- 老朽化したインフラの修繕。道路・河川・橋・ダム・港湾・トンネル・学校・公営住宅など修繕・補修は、人手不足や地方自治体の予算制約から全国各地で遅れており、地震や土砂災害・浸水など災害時の被害を大きくします。物流網・供給網が寸断されると、地方経済の復旧に時間を要します。老朽化したインフラの修繕が遅れていたことは、能登半島地震の被害を大きくした一因とも指摘されています。建設・土木業の人件費や資材コストの上昇を受けて、社会インフラの整備・点検のコストは、政府が予算編成で見込んでいる経費を上回ると見込まれます。
- 地震の多い日本の地理的ハンディに即したエネルギー政策の点検が必要です（特に、原子力政策のあり方）。
- 地方自治体が行政サービスの提供を継続するための国土計画の見直し。コンパクトシティ構想を加速化させ、最寄り駅周辺に病院、学校、スーパーマーケット、市役所を集約し、住民の移住を促進することも検討課題です。
- 医療・介護・教育などエッセンシャルワーカーと言われる人材を地域だけで確保することは困

難です。外国人労働者の受入れ増加、飲食・宿泊業におけるロボットの活用、兼業の拡大など働き方改革などの議論は避けては通れません。

長期的視点からインフラ整備の検討を

老朽化したインフラの補修・修繕を放置しておくと、大地震や河川氾濫など大規模災害が発生した場合、災害関連死など二次被害が地域的な広がりをみせます。自衛隊の災害派遣や緊急医療チームの派遣をできるだけ円滑に行うため、限界集落および孤立集落の集約は重要な検討課題です。

長い時間軸でみた場合、日本経済の最大のチャレンジは人口動態の悪化です。生産年齢人口が1995年をピークに減少の一途をたどっています。人口が減少する地方自治体は歳入が増えない中で、行政サービスの提供をいかに継続するか、よく考える必要があります。就労・就学機会の選択肢の多さを考えると、首都圏への人口集中は理解できます。地方分散を促進するならば、地震の他、異常気象で水害・大雨・台風・竜巻が頻発することを念頭に、国からの補助金に頼らず自力で基礎的な行政サービスを提供可能な経済力・規模・人口動態を維持した地方都市ができるように、国土計画を見直すことは重要です。人口20万人サイズの地方都市の規模感は必要ではないでしょうか。

後で触れるように、日本は「財政（債務）の持続可能性」が懸念されるような状況ではありませんが、政府は「社会の持続可能性」「金利のある世界」をキーワードに、経済安全保障（エネルギーと食料の安定確保)、財政余力の低下を前提とした「マクロ政策の最適な割当て」について、国民に選択肢を示しながら議論を深めていくことが、益々重要になってきます。

[5] 財政余力の低下

需要刺激的なマクロ政策の弊害

岸田政権は2023年11月2日、「デフレ完全脱却のための総合経済対策」を閣議決定しました。新しい経済対策は、財政支出規模21・8兆円(一部の財政支出は2024年度当初予算に含まれるため)。一般会計の補正予算13・1兆円は、パンデミック前の水準と比べると大規模な経済対策です(パンデミック対応の経済対策の歳出規模は、2021年度31・6兆円、2022年度29・1兆円)。概要は同年11月10日に財務省から公表されました。[11]

目玉の物価高対策には、所得減税・住民税非課税世帯に対する現金給付、ガソリン補助金や電気代・ガス代価格抑制支援策の延長等が盛り込まれましたが、日本経済が直面する課題は、人手不足、雇用のミスマッチなど供給サイドのボトルネックです。財政余力が低下する中、大規模な経済対策を発動すれば、円安進行や物価高を誘発し、国債発行残高はさらに膨らみます。

一方で、欧米主要国は、パンデミック対策で財政赤字が膨らんだため、平時の財政政策運営に戻

図表2-4　令和5年度補正予算（第一号）フレーム

（単位：億円）

歳出		歳入	
1. 物価高から国民生活を守る	27,363	1. 税収	1,710
2. 地方・中堅・中小企業を含めた持続的賃上げ、所得向上と地方の成長を実現する	13,303		
3. 成長力の強化・高度化に資する国内投資を促進する	34,375		
4. 人口減少を乗り越え、変化を力にする社会変革を起動・推進する	13,403	2. 税外収入	7,621
		（1）防衛力強化のための対応	2,222
5. 国土強靱化、防災・減災など国民の安全・安心を確保する	42,827	（2）その他	5,399
小計（経済対策関係経費）(注2)	131,272		
6. その他の経費	14,851	3. 前年度剰余金受入	33,911
（1）防衛力強化資金へ繰入	10,390		
（2）その他	4,460		
7. 国債整理基金特別会計へ繰入	13,147		
8. 地方交付税交付金	7,820	4. 公債金	88,750
9. 既定経費の減額	▲35,098	（1）建設公債	25,100
		（2）特例公債	63,650
（1）新型コロナウイルス感染症及び原油価格・物価高騰対策予備費(注3)	▲20,000		
（2）ウクライナ情勢経済緊急対応予備費	▲5,000		
（3）その他	▲10,098		
合計	131,992	**合計**	131,992

（注1）計数はそれぞれ四捨五入によっているので、端数において合計とは一致しないものがある。
（注2）経済対策関係経費と、定額減税による「還元策」及びその関連経費とを合わせると17兆円台前半程度と見込まれる。
（注3）「新型コロナウイルス感染症及び原油価格・物価高騰対策予備費」は、その使途を変更し、「原油価格・物価高騰対策及び賃上げ促進環境整備対応予備費」へと見直す。
（出所）財務省

そうと努力しています。日本の財政余力を踏まえると、２０２４年予算の総合経済対策は、身の丈にあった財政支出の規模に戻す好機でした。しかし、岸田政権は「需要不足は解消に向かいつつあるものの、なおデフレから完全に脱却するまでには追加の経済刺激策が必要である」との考え方から大型補正予算を編成しました。大規模な需要刺激策はインフレ抑制と矛盾します。また、物価高対策の柱である化石燃料補助金は、日本が目指す脱炭素化社会の実現に逆行します。

マクロ政策のあり方に関する筆者の見解は、以下の通りです。

① パンデミック対策で財政余力がなく、経済が危機的状況ではない中で、大規模な需要刺激策を発動すると、円安進行やインフレ圧力を高めて経済を不安定化させる。

② 財政主導によるガソリン補助金などの負担軽減策はインフレ圧力を高め、エネルギー転換に逆効果。

③ 時間軸の異なる経済対策を含んでいるのであれば、優先順位を明確化すべき。

④ 税収が想定よりも上振れたのであれば、国家納付した後、財政健全化に向けた道筋を示すべき。

⑤ 政府債務残高の膨張に歯止めをかけないと金融政策・通貨政策の自由度が低下する。

⑥ 財政支出を増やすのであれば、グリーン・トランスフォーメーション（ＧＸ）につながる設備投資促進などワイズスペンディング（的を絞った財政支出）と言える内容にすべき。

⑦ 防衛力強化や少子化対策など複数年にわたる財政支出という政策課題がある中、財源の裏づ

けがない財政支出は極力抑制すべき。
⑧ 日本経済のボトルネックは人手不足など供給制約である。
⑨ 国民は、減税の財源は国債増発や将来の増税につながっていると見抜いている。

日本経済にとって必要なのは、需要刺激策ではなく、供給制約の解消に資するマクロ政策です。具体的には、①デジタル化の推進、②物流システムの効率化、③時代にそぐわない商習慣の是正、④「公平・中立・簡素」な税制体系への抜本的シフト（労働力不足に対応し、いわゆる「年収の壁」は撤廃）、⑤規制緩和によるスタートアップ企業育成、⑥「人への投資」と雇用流動化の両立、といったところでしょう。

主要国はパンデミック対応で、財政余力が低下しました。日本も現在、「財政余力の回復」を最優先すべきフェーズにあり、併せて持続可能な社会保障改革も行えば、若年層の将来不安の低下に寄与し、少子化対策にもなる可能性があります。野党各党が減税を主張する中、政府・与党は、需要刺激的なマクロ政策運営から決別し、財政健全化の道筋を立てることの重要性をアピールする方向にスタンスを思い切ってシフトし、将来不安の解消を目指してもらいたいところです。

低金利環境の終わり

粘着性の高いインフレ圧力が続き、欧米主要国の低金利環境は終焉しました。欧米主要中銀は、パンデミック後の人手不足感による賃金インフレ圧力が根強く、2022年にピークを打ったとはいえ、2%のインフレ目標を達成できるメドがたっていません。ただ、財政余力が低下している中、2%のインフレ目標を柔軟に解釈して、「金融引締めによる経済のオーバーキル」を発生させないように配慮しました。Fedは今回の利上げ局面は終了したと思われるものの、「供給ショックによるインフレ圧力」という金融政策での対応が難しく、先行きの不確実性が高い局面であるため、早期の利下げ開始に慎重と思われます。

一方で日本は、労働生産性が高まらずに、このまま日銀による事実上の財政ファイナンスを継続すると、①円安による国民の生活水準の低下、②所得格差拡大、③増税や社会保険料引上げなど国民負担率の上昇、が定着すると予想されます。米国要因によって日米金利差が縮小するとの期待が持てない限り、円安ドル高方向の圧力が持続します。日銀は金融政策の予見性を高めるロードマップを示すことに消極的ですが、国力の低下が明らかな中、何らかの形で、「フォワードルッキングな政策運営を行う用意がある」とのシグナルを送らないと、潜在的な円安要因が払拭できないと思われます。

［6］問われるキャッシュフロー創出力と資本の厚み

▦ポストコロナの経済構造――金融力の活用が不可欠

日本では、パンデミックが収束し、「ポストコロナの経済構造」の議論がスタートしています。まだまだ不確実性が高い話ですが、日本の国力低下、財政余力の低下を踏まえると、何もしなければ、①自動車業界をはじめ、製造業の就業人口が減少すること、②デジタル分野など新しい成長産業における雇用創出力が弱いこと、③少子高齢化は不可避なことから、日本経済の潜在成長率は低下圧力がかかると予想されます。そのため、経済財政諮問会議等では、5年後ぐらいを念頭に置いた「日本経済の未来予想図」について頭の体操を行うことは意味があります。その際、以下の三つの軸で議論されることを期待します。

●**グローバル競争力**　グローバル競争で存在感がある日本企業をなるべく多く作ること。例えば、革新的なイノベーションに成功すれば、脱炭素化ビジネスはアップサイドが大きいと思われる。

●**新しい経済圏の創設**　首都圏への人口集中を回避するためにも（既存の47都道府県や道州制の

議論を超えて）必ずしも隣接していない都道府県同士で新しい経済圏を政策的に10程度創設し、その経済圏内で自給自足を可能にすること（従来の「経済特区構想」や「地域経済圏構想」は、首都圏以外で少子高齢化のスピードが速いため、絵に描いた餅となる可能性が高く、コアとなる産業を複数用意して、5G・6G社会を睨んでネットワークでつなぐことは重要）。

●**高齢化した第一次産業の構造改革**　全国津々浦々にある第一次産業において、若い世代の参入を促し、大規模化と宇宙衛星を活用した高度化を推進して、農業の国際競争力を高め、輸出産業に育てること。とくに日本の食文化は世界に通用するだけに、テコ入れすれば「農業の成長産業化」は可能でしょう。

パンデミックによって、企業・個人・地方自治体を問わず格差は拡大し、勝者総取り（"winner takes all"）が進みやすい経済環境が醸成されています。これまで企業は金融面において、①流動性確保の力、②キャッシュフロー創出力、③資本力（資本の厚み）、という三つの要素を重要視してきました。なお、政府の資金繰り対応や日銀の流動性供給は景気底割れの回避に寄与したものの、日本企業が過剰に内部留保を蓄積する誘因になったように思います。日本企業から、米国の「マグニフィセント・セブン」（アップル、マイクロソフト、アマゾンなど巨大ＩＴ企業7社）などプラットフォーム企業が生まれることはないという悲観論があるかもしれませんが、米国を代表する企業の多くはスタートアップ企業からスタートしています。重要なことは、失敗を恐れない企業風土、試行錯誤を繰り返しているスタートアップ企業を支援する金融サービス業や投資家の存在だと思います。日本はデジタル分野では出遅れてしまいましたが、脱炭素化、宇宙関連のビジネスのフロンティアは大きいと思われます。

もちろん、経営体力のある企業は、長めの視点で「ポストコロナの経済構造」を念頭に経営戦略を考えており、中長期的な経営戦略を考える上では、キャッシュフローをいかに創出していくのか、が重要であることを理解しています。マクロの視点では、企業の「キャッシュフロー創出力」が高まり、設備投資が増加に転じ、「前向きな循環メカニズム」が働き出します。キャッシュはキング、キャッシュフローはクイーンと言えます。

ただ、「ポストコロナの経済構造」において勝ち抜ける日本企業を育成するには、M&Aを活用して、経営戦略を柔軟に見直すための資本力と資金調達力が必要です。日本のリーディング企業は、資本力（資本の厚み、株式時価総額）をもう一段高めていかないと、米国のプラットフォーマーと呼ばれる企業と対抗していけないと思います。このまま米国のGAFAMなどデジタル分野のプラットフォーム企業のサービス提供を受け続けると、国際収支統計のサービス収支の赤字幅を増加させることになります。言い換えると、企業行動をウォッチする上で以下のような懸念があります。

《懸念1》　勝ち組企業まで、ポストコロナの経済構造がどうなるのか不確実性が高いという理由から、過度に内部留保を増やすことが懸念されます。日本の場合、それぞれの経済主体が少しずつ痛みを分かち合い、全体として身をかがめて嵐の過ぎ去るのを堪え、過ぎ去った頃に全体が相似形で背を伸ばす、といった様子が今回も予想されます。パンデミックの嵐が過ぎ去って、背を伸ばした時にそれぞれが積極的な攻めの姿勢に転じるならば、まだよいでしょう。しかし、かつてにも増してキャッシュを溜め込むことを是とする企業経営が常態化する可能性があり、ダイナミックな成長の足かせにならないか懸念されます。

《懸念2》流動性確保の力があり、キャッシュフロー創出力がある企業も、資本力（資本の厚み）が十分に高いとはいえず、米国の「マグニフィセント・セブン」などのプラットフォーマーとなる機会を逃してしまうリスクが懸念されます。デジタル化、気候変動、ＥＳＧなどグローバルなテーマになる分野で日本企業が存在感を示すには、新規開発投資や買収を続けていくことが必要です。しかし、「トップダウン型」よりも合議制で重要な経営上の意思決定が行われる日本企業のガバナンス構造を考えると、新しい成長分野にリソースを振り向けるリスクテイクができる企業は少ないように思われます。

財政健全化の道筋を示さない限り、円安ドル高懸念が残る

国の一般会計予算の税収の推移（「下あご」）と歳出の推移（「上あご」）のギャップである「ワニの口」は、巨額な第一次・第二次補正予算を受けて「上あご」が大きく外れた形になっています（図表２－５）。一時的に「ワニの口」が閉じる展望は描けなくなっています。中長期的な視点から

図表2-5　借金に依存する日本の財政

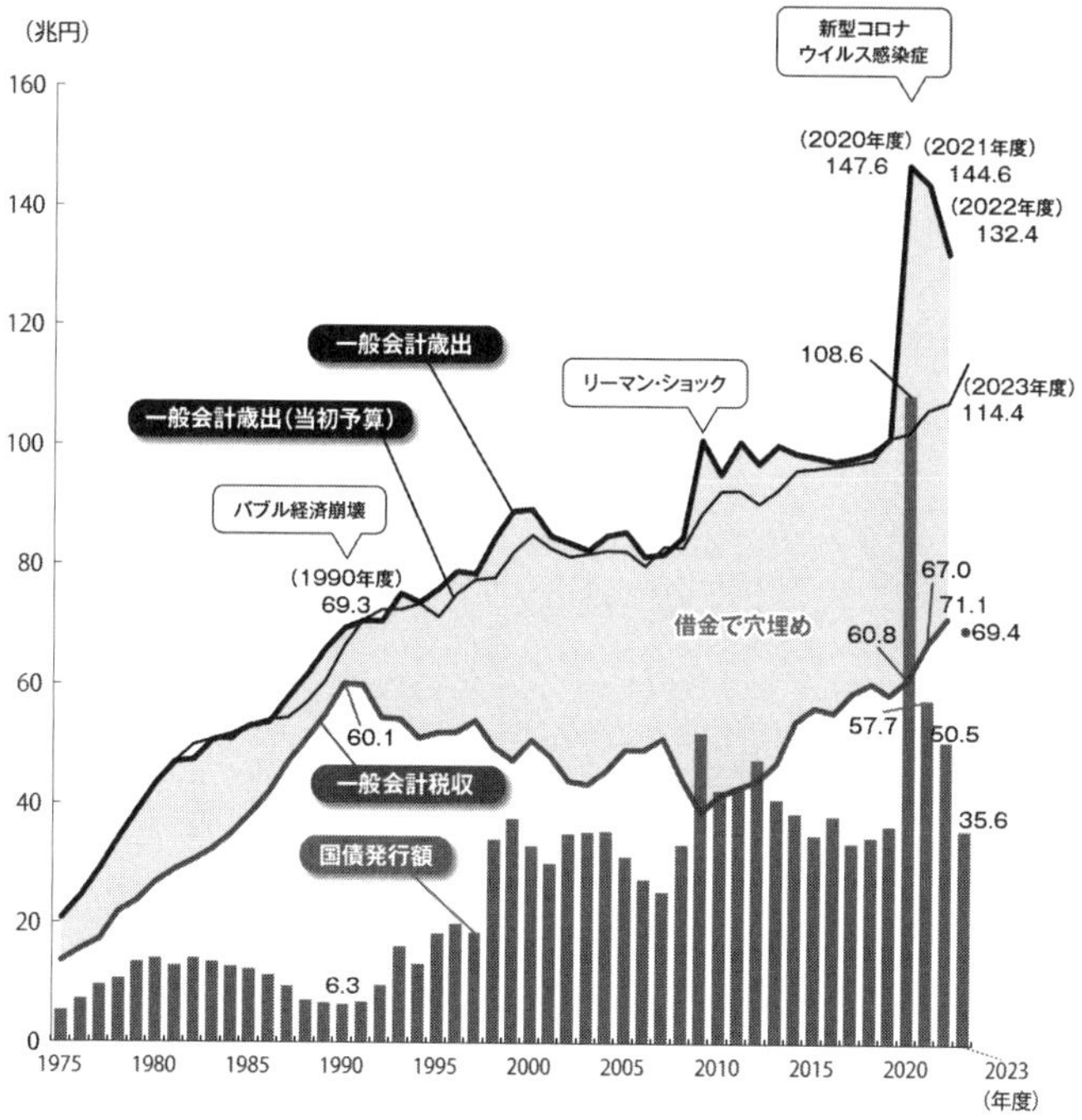

（注）2022年度までは決算、2023年度は予算による。
（出所）財務省『これからの日本のために財政を考える』2023年10月

財政規律を維持することは重要であり、「プライマリーバランスの黒字化」に向けた道筋を描く必要があります。

２０２４年は、米国の早期利下げ期待が修正され、円安ドル高で幕をあけました。２０２２年に続き、２０２３年も円安ドル高が懸念される局面がありました。鈴木財務大臣は２０２３年9月8日、「政府としては為替市場の動向に高い緊張感をもって注視し、過度な変動に対しては、あらゆる選択肢を排除せず、適切な対応をとりたい」とコメント。「あらゆる選択肢を排除しない」というコメントについて、ドル売り円買い介入の他、金融政策の正常化（修正）が含まれるとの見方が多いようです。

２０２３年の終盤、円安進行は一服していました。日本の通貨当局は、①米国要因でドル高円安が進行している中で、日本サイドで対応できる対応策は限られている、②円ドル相場のボラティリティーが低い場合、日本単独のドル売り介入を実施するハードルは高い、③外為市場への強いトーンでの口先介入は正当化できない、ことを理解しているはずです。

実弾のドル売り介入は保有外貨の制約もある上に、為替介入は頻度が増えれば、効果が弱まります。ファンダメンタルズにより合致した為替市場の動きであるだけに、「市場で決められる為替レートが適切である」という２０１７年5月12・13日にイタリアのバーリで開催されたG７財務大臣・中央銀行総裁会議における「為替相場に関する基本合意」が、日本の通貨当局の為替介入の制約要件になります。そうした中で、経団連、地銀協が、日銀の「金融政策の正常化」への期待感を表明することは、ごく自然なことと言えるでしょう。

▼第2章のまとめ

2008年のグローバル金融危機以降の低金利・低インフレの時代が終わりました。①現在の公的債務は高い水準にあるため、インフレ圧力抑制のために政策金利を引き上げれば、債務返済コストが増大し、財政政策運営に直ちに広範な悪影響が及ぶこと、②2020年前半にパンデミックが始まって以降、財政政策がインフレの大きな要因になり得ることが明らかになりました。新型コロナウイルス感染症は2023年5月8日から感染症法上の分類が5類に移行しました。パンデミックという有事に対応するために拡張した財政支出を、平時モードに戻すことを急ぐべきです。その際、日本はもはや世界の経済大国ではないという「不都合な真実」を直視し、「ポストコロナの経済構造」を見据えた「グリーン成長戦略」や財政再建・構造改革のあり方などの国家戦略の議論を期待したいところです。

第3章

気候変動と国際紛争

The Compound Inflation

[1] 日本経済を追い詰める不可逆的な事象

経済のグローバル化に伴う「低インフレ構造」は終焉

多くの先進国でパンデミックが収束した2022年は、①グローバルな低成長と高インフレの共存という異例な経済構造、②米中、米露の地政学的な緊張激化による世界経済の「分断」（民主主義国家と覇権主義国家の対立、米中および米露の「安全保障上の対立構造の常態化」）、③欧米主要中銀による「金融政策の正常化」によるグローバルな低金利環境の終焉、④エネルギー危機、食料危機など社会不安を起点とする政治の不安定化など、複雑かつ不確実性が高い年でした。

ウクライナへの軍事侵攻に踏み切ったロシアのプーチン大統領は欧米主要国のウクライナ支援疲れを狙っているとも言われ、2024年の世界経済は「低成長と高インフレの共存」という歪《いびつ》な組み合わせが長期化する可能性が高いでしょう。仮にウクライナ戦争が終結しても、西側諸国による対ロシア制裁が継続する可能性があり、冷戦後の「平和の配当」と言える「効率的なGVCや国際分業」「多国間の自由貿易構造（マルチラテラリズム）」に戻らず、「経済のブロック化」を定着させ、「平和の配当」である「経済のグローバル化」による低インフレ構造が崩れ始めています。

パンデミックによる供給ショックでは、対面型サービス業中心に労働力不足による賃金インフレが発生。一過性のインフレ要因ではなく、「複合インフレ」に発展したことで、ディスインフレ（欧米主要国）、デフレ（日本）の時代に逆戻りしにくくなったと判断されます。一方で、日銀が低金利政策を長期化した結果、日本でも資産インフレによる格差拡大が顕在化する可能性に留意すべきです。

需要要因によるインフレ圧力を注視する日銀

日銀は、需給ギャップ、賃上げ、企業の価格設定行動など需要サイドのインフレ圧力の分析によって、消費者物価の先行きを予想しようとしています。パンデミック、および能登半島地震による物流網や供給網の寸断、企業の気候変動対策、ウクライナ戦争など供給ショックによるインフレ圧力は一過性とみていると推察されます。この背景には、日銀は、「パンデミック、気候変動、国際紛争」という供給サイドに起因する外的ショックについて、それぞれを「個別の供給ショック」と理解し、時間が経過すれば供給ショックを起点とするインフレ圧力は減退すると考えているためです。

こうした判断は、①パンデミックの二次的・三次的影響は粘着性がある、②企業の気候変動対策はインフレ圧力を高める要因である、③国際紛争に起因するエネルギー価格や原材料価格の上昇を価格転嫁する動きは持続性がある、という認識が希薄であるためと推察されます。もちろん、日銀の物価見通しが的確であれば、それでも良いと思われますが、10年以上にわたって、「信頼できる物価見通し」を公表できていません。

インフレ耐性力が相対的に高い米国経済

米国経済は、日本経済とは大きく異なる性格を有しています。主なポイントを列挙すると、以下の通りです。①産業構造が多角化している、②シェール・オイル／ガス産業が一大産業になっている、③小麦やトウモロコシなど主要農産物を自給できる、④金融面でも、米ドルが世界の基軸通貨であることから資本市場が安定している。こうしたことから、米国は日本や欧州に比べて資源インフレや穀物インフレに対する耐性力が格段に高い経済構造を有しています。また、財政規律が維持されており、ソブリン（国）の信用格付けが高いため、低い調達コストで巨額な財政赤字のリファイナンスが可能です。

米国の財政余力は、パンデミック対応で一時的に低下したものの、経済再開後は好景気による税収増によって、財政の健全性を回復しています。パンデミック収束後、2023年前半までに政策金利は5・25～5・50％まで引き上げられましたが、2024年2月現在、個人消費・住宅投資・設備投資など金利感応度が高いセクターは堅調です。金融市場では、米国経済は減速しており、2024年前半にも政策金利引下げに動くとの見方が有力です。

ただ、2024年中の利下げ開始を織り込む米国市場では、長期金利低下と株価上昇が進み、「金融環境が緩和的」であるため、Fedが利下げを急ぐ理由は乏しい状況です。仮にFedの金融引締めの結果、米国経済をオーバーキル（引き締めすぎる）するような展開が発生しても、財政刺激策によって米国経済を下支えされているため、資源価格と穀物価格が急騰した場合の「プラン

B」が用意されていると言えます。

一方で日本は、化石燃料と農産物（肥料・飼料・小麦・種）の輸入浸透度が高く、足元のエネルギー価格と食料品価格など生活必需品の価格上昇で家計の可処分所得は低くなります。日本は資源に恵まれず、地理的に再生可能エネルギーの発電量を一気に増やしにくい国です。政府は、物価高圧力を、財政支出による負担軽減策によって緩和しようとしていますが、財政余力が乏しい中、いつまでも継続できるものではありません。日本は、資源・穀物価格が急騰した場合の「プランB」を持ち合わせているようには思えません。

ニューノーマルの物価環境に適応する欧米主要中銀

欧米主要国は、ウィズコロナのマクロ政策を一足先に卒業し、ポストコロナのマクロ政策運営に転換。「金融政策の正常化」にも踏み出し、資産買入れ、「マイナス金利政策」（欧州中央銀行、スイス国立銀行）と決別しました。低インフレ環境からの脱却を目指して導入した「イールド・ターゲット（Yield Target）」（オーストラリア準備銀行）や「緩やかな平均物価目標」（Fed）という異例な金融政策の枠組みから平時の金融政策の枠組みに戻っています。

この背景には、①パンデミック、②グリーンフレーション（脱炭素化の過程における化石燃料の価格高騰）、③ロシアによるウクライナ軍事侵攻、④西側諸国とロシアの経済制裁合戦、④中国のゼロコロナ政策を受けたロックダウンと米中対立に伴うサプライチェーンの混乱、⑤米中対立、ウクライナ戦争を受けたインフレ圧力、⑥パンデミック後に高齢者が労働市場に戻らず、移民が減少し、労働参加率は低迷するなど様々なチャレンジがあります。

こうしたことから「景気減速感が多少強まった程度（失業率が多少上がった程度）では、インフレ圧力の鈍化は期待薄」と見込まれ、金融政策の正常化によってニューノーマルな物価環境を克服できそうです。

パンデミックを受けて、Ｆｅｄの金融政策のスタンスがいかに大きく変化したかを振り返るために、ジャクソンホールの経済シンポジウムでのパウエル議長の冒頭講演でのコメントを振り返ってみます。パウエル議長は２０２２年の同会議で「インフレとの闘い」を宣言していますが、その2年前の２０２０年8月27日の講演では、低インフレの長期化を警戒し、インフレ期待が上がることを見込んで、「緩やかな平均物価目標」という新しい枠組みを導入するとコメントしています。

この枠組みでは、全体として平均２％の範囲でインフレ率が推移している限り、ある一定期間２％を超えてもしばらく放置することを容認します。実際、２０２１年3月からインフレ率が２％を超えていたにもかかわらず、同年秋まで一時的な上振れであると強弁し、容認しました。しかし、パンデミックによる供給制約やバイデン政権による政府支出総額６兆ドルを超える大型経済対策を受けて、インフレ率の加速を招きました。[12]

［2］気候変動のパラドックス

気候変動対策――「社会の持続可能性」を担保するための環境対策

「社会の持続可能性」を考える際、生命の危機を脅かすものを除去し、経済成長を展望できるストーリーが必要となります。地球温暖化の影響で、大洪水、山火事、干害など世界各地から異常気象が報告されており、気候変動は、全世界が直面する最大の難題の一つと位置づけられています。プロローグで触れたように、気候変動に伴う異常気象から人類を守るためには、①資源の大量消費を見直し、社会が持続可能な水準まで経済成長を抑制するか、②脱炭素化を実現するためのブレークスルーとなるイノベーションによって、経済成長のペースを落とさずに、カーボンニュートラルを目指すという二つの経路があります。日本が成長を続けるには、後者の選択肢しかありません。

2015年にパリで開催されたCOP21で採択された「パリ協定」は、産業革命前と比べた世界の平均気温の上昇を2℃よりも十分に低く抑え、1・5℃以下を目指すため、各国が自発的に温室効果ガスの排出削減目標を定めました。気候変動問題は、2020年以降、世界の重大問題として一気に加速。2050〜2070年頃を目指した脱炭素化・カーボンニュートラルの取組みは、各国の重要な長期のエネルギー・環境問題ですが、2022年2月24日開始のウクライナ戦争を契機として、各国でエネルギーの安定確保が喫緊の最重要課題となりました。民間シンクタンクは、仮に各国が条約事務局に提出している2030年頃までの削減目標を全て達成しても、気温は2・5〜2・9℃上昇するとの報告書をまとめています。

エネルギー転換——貿易収支悪化を通じた円安要因

先にも触れたように日本政府は2020年10月、2050年までに温室効果ガスの排出を全体としてゼロとするカーボンニュートラルを目指すと宣言しました。実現に向けては、エネルギー政策の要諦である、①エネルギーの安定供給、②経済効率性の向上による低コスト、③環境適合（低炭素・脱炭素化）は重要です。この前提に立って、2050年のカーボンニュートラルを実現するためには、再生可能エネルギー（太陽光・風力・水力・地熱・バイオマス）を主力電源として最大限導入に取り組む必要があります。

ただ、日本は資源大国ではありません。日本がグリーン・トランスフォーメーション（GX）を進捗させるため、化石燃料から再生可能エネルギーへの「エネルギー転換」に真剣に取り組めば、それに対応して化石燃料のみならず、水素・アンモニア・（蓄電池向けの）希少鉱物資源も海外から調達する必要があります。価格が高いまま、化石燃料もアンモニアも水素も海外からの輸入に頼らざるを得ないとすれば、貿易収支は赤字方向に振れます。「エネルギー転換」に伴う国際収支悪化は構造的なものになるリスクが高いため、中長期的に需給面から円安要因となります。

財務省が公表した貿易統計によれば、2023年の貿易赤字は9兆2914億円と3年連続の赤字。2022年の貿易赤字は、資源高と円安の影響で20兆3295億円と、比較可能な1979年以降で最大の赤字でした。2023年は、原油や液化天然ガス（LNG）など鉱物性燃料の輸入額が前年比▲18・9％となり、2022年に比べ同▲54・3％でした。また、2023年の国際収支統計によると、経常収支は20兆6295億円の黒字（前年比＋92・5％）と、資源価格上昇の一服で貿易赤字が縮小したことを確認できます。

2050年のカーボンニュートラルを実現するためのエネルギー政策を考える際、資源を持たない日本は、エネルギー政策単独では議論できない複雑な問題に発展する可能性があることに留意する必要がありそうです。そうした中、脱炭素化の革新的イノベーションに成功し、輸出できる技術の実装化ができれば、貿易収支の悪化ペースを緩やかにします。潜在的な候補として、①全固体電池、②浮体式の洋上風力発電、③（薄くて曲がる）ペロブスカイト型の太陽電池、④水素製造装置の内製化および普及があります。

低炭素化・脱炭素化を目指す研究開発投資には総額150兆円が必要と言われており、ネットゼロの実現には、金融力を活かした成長戦略が重要です。

化石燃料から再生可能エネルギーへの移行期間は長い

脱炭素化、「2050年カーボンニュートラル目標」の実現に向けた、化石燃料から再生可能エネルギーへの「エネルギー転換」は、以下のような理由から、その移行期間において、エネルギー価格全体を押し上げます。気候変動問題は、化石燃料を保有しない日本において、エネルギー安全保障問題と密接かつ複雑に絡んできます。

① 「2050年カーボンニュートラル目標」の実現には相当に長期間を要するため、移行期間において化石燃料は重要な役割を果たし続けます。

② 「2050年カーボンニュートラル目標」の実現には、「電化」がカギを握るため、電力の安定供給が重要となります。電力市場におけるサイバー攻撃によるリスク、風力など自然変動型の再生可能エネルギー拡大による電力需給の不安定化、電力の供給力や供給余力の不足、停電リスクなど、様々な問題が発生しやすくなります。

③ 化石燃料の採掘・新規投資が抑制される傾向があり、「2050年カーボンニュートラル目標」の実現に向かうプロセスにおいて、化石燃料など既存のエネルギー価格が上昇しやすい環境が醸成されます。

エネルギー政策を取り巻く環境

過去において、エネルギー革命が発生すると、新しいエネルギーへの移行期間において、古いエネルギー価格が上昇するケースは多く、「気候変動のパラドックス」と言われます。化石燃料から再生可能エネルギーを核とする社会への移行期間は長く、移行に要する設備投資コストは各国間で大きく異なります。

日本は再生可能エネルギーの発電量を増加させようとした場合、①海外と比べて大きい発電コスト、②送電網の建設、③蓄電池の整備、④地理的ハンディキャップ（適地が少ないため、荒廃した農地の活用など、大胆な規制緩和が必要）などから、日本は比較劣位にあります。

生産時に再生可能エネルギーを使うことでCO_2を排出しないグリーン水素のサプライチェーン構築は容易ではないため、「2050年カーボンニュートラル目標」の達成までの社会コストは莫大な規模になります。グリーン水素がベースロード電源になるまでの過渡期における現実的な「エネルギーミックス」について日本全体で議論を深めていく必要があります。

中国や欧米各国が、自動車の電動化（BEV、FCV〔燃料電池自動車〕へのシフト）を推進する結果、革新型蓄電池の製造に欠かせない希少鉱物（リチウム等）の価格は中長期的には上昇傾向にあります。2035〜2040年頃を目標に研究開発が進んでいる革新型電池として期待される「フッ化物イオン電池」が量産される場合、銅、アルミニウム、マグネシウムの価格に上昇圧力がかかります。太陽光発電や風力発電への依存度が高まる過程では、生産に不可欠な銅、アルミニウム、リチウムの価格に上昇圧力がかかります。また、カーボンニュートラル実現に向けた投資の結果、一部の原材料価格が値上がりする、「グリーンフレーション」が発生します。

［3］グリーンフレーション・エネルギー転換

脱炭素化社会の実現に金融力の活用は不可欠

「グリーンフレーション（Greenflation）」とは、「気候変動対応」を意味するグリーン（Green）成長戦略とインフレーション（Inflation）を合成した造語です。エネルギー革命が発生すると、新しいエネルギーへの移行期間において、古いエネルギー価格が上昇するケースは多く、「気候変動のパラドックス」と言われます。化石燃料から再生可能エネルギーを核とする社会への移行期間は長く、現在の（ブラウン経済から）グリーン経済への移行には、移行期間に脱炭素化・低炭素化に向けたイノベーションを導くための研究開発投資を実施するための資金調達が必要です。その有力な手段が、グリーンボンド、トランジションボンドなど特殊な債券の発行です。2023年9月の主要国における長期金利上昇は、グリーン経済への移行を目指す拡張的な財政政策（EV補助金など）や、再生可能エネルギーの発電量を増やすための設備投資コスト捻出のツケという面もあります。

岸田政権は2022年5月、「クリーンエネルギー戦略」の「中間整理」を公表。2022年末には、脱炭素、エネルギー安定供給、経済成長の三つを同時に達成するため、「GX実現に向けた基本方針」を取りまとめ、2023年2月10日に閣議決定しました。ポイントは、①徹底した省エネの推進、②再生可能エネルギーの主力電源化、③原子力の活用、④水素・アンモニアの生産・供給網構築、⑤GXに向けた研究開発・設備投資・需要創出等の取組みの推進、⑥GX経済移行債を活用した先行投資支援、⑦成長志向型カーボンプライシングによるGX投資のインセンティブ、⑧新たな金融手法の活用（トランジション・ファイナンスに対する国際的な理解醸成、サステナブル・ファイナンス推進のための環境整備）、⑨国際戦略・公正な移行・中小企業等のGX、です。

日本独自のアプローチ

高効率の石炭火力は、日本における電力の安定供給において貢献することが期待されています。エネルギーの安定供給を持続しつつ、「2050年カーボンニュートラル目標」を達成するためには、①再生可能エネルギーと原子力発電の依存度を高める、②再生可能エネルギーのサプライチェーンを構築する、③石炭火力は廃止に向けて低減させる必要があります。過渡期において、燃やしてもCO_2を排出しないアンモニア火力への転換が推進されています。すなわち、現在、燃料として石炭とアンモニアの混合燃焼を実現し、段階的にアンモニアの割合を増やして、最終的にはアンモニア専焼の火力発電へ転身させる新しいアプローチが進行中です。

また、再生可能エネルギーを主役とするために、蓄電池にバックアップの役割が期待されています。経済産業省・資源エネルギー庁は現実的な計画として、①石炭火力をアンモニア火力に転換する、②LNG火力を水素火力に転換する、カーボンフリー火力に変える方針です。石炭火力をアンモニア火力に転換することで、カーボンフリーを実現する日本のアプローチは、東南アジアなど非OECD諸国のカーボンニュートラル実現に貢献できる可能性があると考えています。グリーン水素を十分に調達できるわけではないため、石炭火力をアンモニア火力に転換することは、「2050年カーボンニュートラル目標」の移行期にとっては重要な戦略として位置づけられています。なお、この日本のアプローチは、欧州の発想にはありません。

[4] エネルギー安全保障——脱炭素化は戦略的に

各国でエネルギーの安定確保が喫緊の最重要課題に

地球温暖化に起因する気候変動問題については、2015年にパリで開催されたCOP21において「パリ協定」が採択されました。世界の産業革命以降の気温上昇を2℃よりも十分に低く抑えるという気温目標に加え、各国が自発的に温室効果ガスの排出削減目標を定めました。気候変動問題は、2020年以降、世界の重大問題として関心が一気に高まりました。2050年から2070年頃までにカーボンニュートラル目標を実現する取組みは、各国にとって重要な長期のエネルギー政策と環境政策です。しかし、2022年2月24日開始のウクライナ戦争を契機として、各国でエネルギーの安定確保が喫緊の最重要課題となり、脱炭素化に向けた国際協調のモメンタムを弱めました。[13]

日本は、再生可能エネルギーや原子力発電、水素の発電量を増やす必要がありますが、エネルギー安全保障の観点から化石燃料への依存度を段階的に低減させる方針です。一方で、ロシアは、天然ガスを、サウジアラビアとロシアは原油を安全保障上の武器として使い続けています。日本など化石燃料の輸入国は、電力需給逼迫を回避するため、天然ガス・LNGの安定調達先を多角化する努力を続けていますが、化石燃料価格はピーク時に比べれば落ち着いてきたものの高止まりし、インフレ要因となっています。

サウジアラビアは原油価格、カタールは天然ガス価格を高い水準に維持し、化石燃料の輸出によって稼いだ収益を、経済発展や将来の輸出製品の研究・開発費として活用しています。エネルギー政策によって貿易収支が悪化することを少しでも緩和するため、日本は脱炭素ビジネスのうち、将来的に有力な輸出製品として育成していけるよう革新的イノベーションを進めていく必要があります。その候補としては、浮体式の洋上風力発電、薄くて曲がるペロブスカイト型の太陽電池、水素製造装置などが挙げられます。

化石燃料による火力発電の重要性

気候変動対策、異常気象、供給制約・物流停滞に伴う原材料と食料品のコスト高、脱炭素化に向けた各国政府の対応（原油・LNG以外に、銅やニッケルなどEVに使う素材への需要シフト）などを背景に、コストプッシュ・インフレ圧力が高い状況が想定以上に長期間続いており、Fed・ECBなど主要中央銀行のみならず、新興国の中央銀行の首脳は苛立っています。また、石炭など化石燃料を使わない気候変動・環境対策へのシフトの過程で、電力不足が発生する事例も増えています。

カーボンニュートラル実現を目指す動きによって、新興国ではインフレと成長鈍化が組み合わさったスタグフレーションの懸念が高まっています。現在のような状況下で、干ばつなど異常気象が発生すると、食料インフレはさらに深刻化することが予想されます。

日本では、「エネルギーミックス」において、火力発電が2019年度時点で発電電力量の7割以上を占める「供給力」を担い、ベースロード（後述）、ミドル、ピークといったそれぞれの特性を踏まえ、「電力の安定供給」上、重要な役割を担っています。火力発電は、これまでも災害時における供給力を提供してきており、容量を確保することは、エネルギー供給のレジリエンス対策に大きく貢献しています。

ちなみに化石燃料による火力発電は、戦後の高度経済成長を力強く牽引してきました。歴史を振り返ると、1960年代の原油輸入自由化による石炭火力から石油火力へのシフト、1970年代のオイルショックや環境問題等によるLNGの活用などを経ながら、長期間にわたり貴重な電力供給源として活躍してきたのです。2011年3月の東日本大震災以降、停止した原子力に代わり、火力発電の比率が拡大しています。

エネルギー政策の要諦は、S（安全性）を大前提とした上で、3E（エネルギーの安定供給、経済効率性、環境適合）です。政府は、経済効率性の向上による低コストでのエネルギー供給の実現を目指しています。

電力の安定供給に向けて――気候変動対策に伴い電力料金は上昇

当面のエネルギーの安定供給は、以下の対応を組み合わせていくことが必要です。

- **脱炭素化に向けた国内サプライチェーンの整備**　浮体式の洋上風力発電、薄くて曲がるペロブスカイト型の太陽電池、水素製造装置の内製化および普及。
- **火力発電による電力供給量の維持**　当面、電力の安定供給には、石炭・石油・LNGなど化石燃料やアンモニアを活用した火力発電による電力供給量の維持が不可欠で、停電（ブラックアウト）の可能性を低下させる。
- **国民に節電・省エネ意識を植え付ける**　異常気象で猛暑や寒波が到来するリスクが高まる中、政府は国民に節電・省エネに対する理解と協力を求め続ける。
- **カーボンリサイクルの取組み強化**　排出源からCO_2を分離回収し、貯留する（CCS）、および分離回収したCO_2の再利用（CCUS）というカーボンリサイクルに取り組む。
- **電気料金の構造的な上昇圧力に対する国民の理解**　化石燃料から再生可能エネルギーを中心と

するエネルギー転換に伴う電力料金の引上げを、企業と家計に受け入れてもらう努力を続ける。

●**民間の金融力の活用**　「クリーンエネルギー戦略」によれば、脱炭素化社会の実現には、官民合わせて今後150兆円の研究開発投資が必要。移行期に発行するトランジションボンドの発行を増やすなど、金融力を活用することが不可欠。

日本は再生可能エネルギーの発電量を拡大しても、再エネで全ての電力需要は賄えません。電力の安定供給、再エネの需給バランスの調整、ブラックアウトの可能性を低減する慣性力の観点から、火力発電は当分の間、必要です。化石燃料による火力発電を悪者扱いする国際的な風潮は続いていますが、日本は再生可能エネルギーへの「エネルギー転換」の過渡期において火力発電が不可欠です。

日本は2022年5月13日、クリーンエネルギー戦略の中間案の取りまとめ作業で、官民あわせて今後10年150兆円規模の投資が必要と試算しています。ESG問題（特に脱炭素化）の解決に取り組む企業等に、必要となる資金を金融機関が融資や投資でサポートする「サステナブル・ファイナンス」と呼ばれる特殊な社債の発行量を増やし、欧米とのギャップを埋める必要があります。特に、グリーン社会への移行期に、将来の革新的イノベーションにつながる研究開発投資の財源として、資本市場からの資金調達は重要です。

一方で政府は、２０２２年１月からガソリン価格の高騰を受けて補助金制度を導入しました。この制度を維持するため、２０２３年９月までに6兆２０００億円が投入されました。２０２４年４月までの総額はさらに膨らむ見込みです。グローバルに取引される製商品の「価格統制」は、財政余力に限界があることを考えると、持続可能な政策対応ではありません。生活必需品の値上がりによる景気下振れリスクに対応するのであれば、補助金による「値上げの抑制」ではなく、低所得者に的を絞った財政支援がより適切です。

「経済安全保障」の観点からは、①企業の当該製商品の流通量・在庫の確保を支援するために、外交政策によって輸入先の多様化やＧＶＣの再構築を支援すること、②国内自給率を引き上げるためのインセンティブを増やすこと、③輸入品を国内製品へ切り替える自給率の引上げを促進すること、などが適切です。また、「経済のブロック化」が進んだ場合は、各地域の通商協定の締結によって近隣諸国からの輸入品に対する関税を引き下げることなど、グローバリゼーションから「ディグローバライゼーション」「経済のローカル化」に備えた国家戦略を構築しておくことが重要だと言えるでしょう。

脱炭素化社会は「電化社会」

「２０５０年のカーボンニュートラル目標」の達成には、CO_2を多く排出する業態（電力会社、自動車、鉄鋼・非鉄など製造業）のみならず、電力を使用する家計・企業の省エネ意識の高まりも重要です。また、生成AIなどDX進展による電力需要増加という新しいテーマも議論する必要があります。政府は、「目標」の達成を目指すことが、日本の経済構造や国民生活にどのような影響を与えるのかについて、国民に説明することが求められます。脱炭素化社会の実現に向けて、以下のような様々な取組みを行う必要があります。

●脱炭素化社会は電化社会であり、電力使用量は30～50％増える見込みとの認識を広める。
●気候変動対応について、化石燃料を排除して、自然エネルギーと再生可能エネルギーの発電量を増やしてベースロード電源にするとの楽観的な見方があるが、電力使用量が急増する中、省エネに努めると同時に、安価な形で再生可能エネルギーの発電量を増やすことの両方が必要である。ベースロード電源とは、発電コストが低く、時間帯を問わずに継続的かつ安定して稼働する電源を指す（現在、日本のベースロード電源は、石炭、地熱、水力、原子力の四つ）。
●化石燃料による火力発電を目の敵にする風潮を変える。再生可能エネルギーの導入を拡大しても再エネで全ての電力需要を満たせない。化石燃料による火力発電は「電力の安定供給」に対して大きく貢献している。
●再生可能エネルギー（太陽光発電や風力発電）の出力変動を吸収し、「電力の安定供給」「再エネの需給バランスの調整」「ブラックアウトの可能性を低減する慣性力」の観点から、火力発電は、アンモニア、水素、CO_2の回収・貯留（CCS）、CO_2の回収・活用・貯留（CCUS）

などを活用して脱炭素化しつつ、残していく必要がある。

原子力エネルギーの特性――COP28では原子力発電を再評価

２０２３年11月にアラブ首長国連邦（ＵＡＥ）のドバイで開催された第28回国連気候変動枠組み条約締約国会議（ＣＯＰ28）では、化石燃料からの脱却が成果文書に盛り込まれた「歴史的な合意」と言われますが、各国に強いコミットメントを課しているわけでないため、玉虫色の決着でした。ＣＯＰ28の主な合意ポイントは、以下の通りです。

化石燃料 ⇓ この10年で脱却を加速。
温暖化ガス ⇓ ２０３５年までに２０１９年比で60％削減する。
石炭火力 ⇓ CO_2削減対策のない設備の削減を加速する。
再生可能エネルギー ⇓ ２０３０年までに発電容量を世界全体で３倍にする。
自動車 ⇓ ゼロエミッション車などの導入を加速する。

一方で、海面上昇による深刻な浸水被害に直面する島しょ国、気候変動の被害の救済資金を先進国に期待する途上国からは、化石燃料の大幅削減に対する先進国のコミットメントが弱いとの不満が聞かれます。また、再生可能エネルギーに積極的に投資すべきだという議論が出る一方で、原子力発電を見直す機運が高まったことが印象的でした。

政府は、「エネルギーミックスの観点」と「電力需給の逼迫等」を理由に、安全対策、防災対策、地元の理解、を満たした上で、2022年8月、①「原発の再稼働」(すでに再稼働している10基、再稼働する方針の7基、設置許可申請済みの10基、未申請の9基を含む)、②「(安全確保を大前提とした)運転期間の延長」(従来の40年から最大60年の長期運転)、③「次世代革新炉の開発・建設」、に向けて舵を切りました。

2024年1月現在、再稼働している国内の原発は12基です(定期検査で停止中の原発を含む)。仮に、首都圏・近畿圏で直下型地震等が発生したケースを想定しても、日本海側に電源が十分に整備されていれば、電力の供給力不足を回避できるとされていましたが、能登半島地震は、日本海側が原発の最適地であるとの見解に一石を投じました。異常気象による災害は世界各地で発生していますが、日本は地震が多く、災害によるエネルギーの供給リスクは高く、エネルギー政策における原子力発電の重要性は高いものの、次世代革新炉の建設のハードルは高いと思います。原発の再稼働について消極的な意見はあるものの、エネルギー安定供給の観点から、原発の再稼働により、化石燃料の輸入額を数千億円単位で減少できます。

原子力の三つの特性(安定供給、経済効率性、環境適合)は、よく知られていますが、最近頻発する自然災害を背景に、日本では、技術自給やレジリエンスという側面に留意する必要性が高まっています。

●安定供給――高い技術自給率

原子力技術は、1970年以降に営業運転を開始した原発の多くで、国産比率90%を超えており、国内企業に技術が集約されている。原子力産業は、技術の蓄積、安定的に電力を供給するためのサプライチェーンを国内に持つ強みがある。

●経済効率性――原子力発電の事業構造

原子力発電は、初期投資額は他電源に比べて大きいものの、稼働すれば40~60年という長期間、安価な燃料費で運転し、莫大な発電電力量を生み出すというビジネスモデルである(もっとも、核燃料棒の取り出しや処分まで考えたコストは巨額となり得る。この点への懸念は、国民の間で根強い)。

●環境適合――電源別のライフサイクルCO_2排出量

原子力は、運転時にCO_2を排出しない。電源別のライフサイクルCO_2排出量でも、水力・地熱に次いで低水準。

原発の再稼働について消極的な意見はあるものの、エネルギー安定供給の観点から、「原子力発電所の再稼働により、化石燃料の輸入が減少すれば、長期的な燃料市場の緩和に寄与するだけでなく、電気料金の抑制にも寄与する効果がある」ことを理解した上で検討する必要があると思います。

脱炭素化は、戦略的に行うことが極めて重要

最適な「エネルギー政策」を考える際、①安定供給が可能かどうか（頑健性）、②調達コストが高いか安いか（経済性）、③クリーンか汚いか？（CO_2排出量）、④安全であるかどうか、という四つの条件の全てを満たすことが理想です。ただ、安定供給が可能で、安価で、クリーンで、国民からみて安全な、理想なエネルギーは現実には存在しません。東日本大震災を受けて、原子力発電に代わり、化石燃料を活用した火力発電が主要電源となる中、何を優先して何を我慢するのか？という国民的議論が必要です。

再生可能エネルギーや水素を「ベースロード電源」に育て上げるには、長い投資期間や革新的なイノベーションを支援する政府の役割も重要です。ただし日本が、現行の火力発電から再生可能エネルギーへの「エネルギー転換」に真剣に取り組むほど、高いコストで水素・アンモニア・（蓄電池向けの）鉱物資源を海外から調達する必要があり、貿易赤字が膨らむことについては、前に触れました。

２０２０年12月25日に公表された『グリーン成長戦略』の「実行計画」において、再生可能エネルギーは、「最大限導入」とされました、しかし、自然条件や社会制約への対応があり、当面、再生可能エネルギーの発電量の急増に大きな期待はできず、コンサバティブにみておく必要があります（国土が狭く、地方自治体によって再生可能エネルギーの発電設備に関する規制がバラバラであり、地域社会との共生、コスト低減など様々な課題に直面する）。再生可能エネルギーの主力電源化に

は、以下の課題があります。

- **出力変動への対応①** 変動再生エネルギー（太陽光・風力発電）は、自然条件によって出力が変動するため、需給を一致させる「調整力」が必要。現在、調整電源として、火力・揚力に依存。調整力が適切に確保できないと、再生可能エネルギーを出力制限する必要がある。その結果、再エネの収益性が悪化し、再エネ投資が進まない可能性がある。
- **出力変動への対応②** 今後、変動再エネが増加する中で、調整力の脱炭素化（水素、蓄電池、CCUS／カーボンリサイクル付き火力、バイオマス）を図りつつ、必要な調整力の量を確保する、といった課題をどのように克服していくか。
- **送電容量の確保①** 再生可能エネルギー発電のポテンシャルが大きい地域（北海道や東北地方）と大規模な需要地（首都圏等）が距離的に離れているため、蓄電池・送電網の整備が重要。再エネは送電容量が不足した場合には、物理的に送電ができない。
- **送電容量の確保②** 社会的な費用に対して得られる便益を評価しながら、どのように送電網の整備を進めていくか。
- **系統の安定性維持①** 突発的な事項の際に、周波数を維持し、ブラックアウトを回避するためには、系統全体で一定の慣性力（火力発電等のタービンが回転し続ける力）の確保が必要。
- **系統の安定性維持②** 太陽光・風力は慣性力を有していないため、その割合が増加すると、系統の安定性を維持できない可能性がある。その克服に向けて、疑似慣性力の開発等を進めていく必要があるが、現時点では確立された技術がない。

●**自然環境や社会的制約への対応①** 自然条件に左右される再エネの導入にあたっては、平地や遠浅の海が少なく、また日射量も多くない日本の自然条件が再エネによる発電のネック。

●**自然環境や社会的制約への対応②** 農業・漁業など他の利用との調和、景観・環境への影響配慮を含む地域等との調整が必要。再エネを導入できる適地が限られる中で、電源別の現状・課題を踏まえ、どのように案件形成を進めていくか。太陽光発電は、メガソーラーの建設が観光地の景観を損ねるとの理由から地元の理解を得ることは容易ではなく、適当な土地は極めて少ない。洋上風力発電についても、①欧州のように遠浅ではなく、②浮体式洋上風力は期待がもてる成長分野であるが、漁業権の問題等から、少なくとも2030年段階では、洋上風力発電による十分な発電量は期待できない。

●**コスト面の課題** 上記のような諸課題を克服するためには、大規模な投資が必要。また、適地が限定されている中で、再エネを大量導入した場合には、適地不足により、今後コストが上昇するリスクがある。すでに再エネ賦課金が大きくなっている中で、こうしたコスト負担への社会的受容性をどのように考えるか。また、イノベーションの実現が不確実な中で、どのようにリスクに備えた対応をしていくべきか。

●**サプライチェーンの強靭化** 洋上風力の案件形成目標が掲げられ、その実現に向けて、技術開発・大規模実証を実施するとともに、風車や関連部品、浮体基礎など洋上風力関連産業における大規模かつ強靭なサプライチェーン構築を進める。

● **次世代型太陽電池の社会実装** 次世代型太陽電池（ペロブスカイト）の早期の社会実装に向けた研究開発・導入支援を通じて、需要創出や量産体制を構築する。

火力発電のエネルギー供給のレジリエンス対策

火力発電は、2019年度時点で発電電力量の7割以上を占める「供給力」を担い、かつ、ベースロード、ミドル、ピークといったそれぞれの特性を踏まえ、「電力の安定供給」上、重要な役割を担っています。特に、これまでも災害時における供給力を提供してきており、容量を確保することは、今後も、エネルギー供給のレジリエンス対策として貢献する役割を期待されています。化石燃料による火力発電は、戦後の高度経済成長を力強く牽引しました。歴史を振り返ると、1960年代の原油輸入自由化による石炭火力から石油火力へのシフトや、1970年代のオイルショックや環境問題等によるLNGの活用などを経ながら、長期間にわたり、貴重な電力供給源として活躍。特に、2011年の東日本大震災以降、停止した原子力に代わり、火力発電の比率が拡大。このように火力発電の容量を保持することは、災害等におけるエネルギー供給のレジリエンス対策に貢献しました。

再生可能エネルギーの導入が拡大する状況下、火力発電は、①太陽光や風力の出力変動を吸収し、需給バランス調整を行う調整力、②急激な電源脱落などにおける周波数の急減を緩和し、ブラックアウトの可能性を低減する慣性力、といった機能によって電力の安定供給に貢献しています。従来から、高効率化や次世代化に取り組んできたものの、「2050年カーボンニュートラル目標」の実現に向けては、電源全体の脱炭素化が不可欠であり、石炭火力からアンモニア火力へシフトするにしても、石炭火力に対する強いアレルギーがあるイギリスのような国もあります。こうした観点を踏まえると、①環境負荷の低減（適切な化石燃料のポートフォリオの組み方。それぞれに一長一短がある。燃料別にみると、石炭＞石油＞LNGの順でCO_2排出量が大きい）、②「2050年カーボンニュートラル目標」に向けた火力発電（化石燃料＋CCUS／カーボンリサイクル、水素・アンモニア発電）のあり方、③電力の安定供給のための必要容量の確保、について、議論を深めていく必要があります。

脱炭素化は「不可逆的な動き」との認識は重要

COP28では、気候変動に伴う異常気象の被害は年々深刻化し、島しょ国など国家の存続の問題に直面している国々の声は切実でした。気候変動対策のための脱炭素関連の革新的イノベーションや技術が日本の新しい成長分野となり、主要輸出品目となる展開も期待されます。

一方で、「不可逆的な脱炭素化」の動きに抗ったり、脱炭素化の潮流に上手くビジネスをマッチさせることができない企業は、生き残っていけません。政府内では、補助金を出すだけでなく、脱炭素化に積極的でない企業を念頭に「退路を断つ」政策対応をみせるべきであるという見解も聞かれます。

[5] 世界の分断

IMFは世界経済見通しを上方修正

第2章で触れたように、IMFは2024年1月、「インフレ率の鈍化と安定的な成長　ソフトランディングへの道開ける（Moderating Inflation and Steady Growth Open Path to Soft Landing）」と題する『世界経済見通し』を公表しました。2024年の世界全体の実質GDP成長率の予測は2023年＋3・1％、2024年＋3・1％、2025年＋3・2％）と、前回（2023年10月）の2023年＋3・5％、2024年＋3・0％から上方修正されました。国と地域別の経済見通しをみると、主要国では米国が最も大きく上方修正され、2023年＋2・5％（前回＋2・1％）、2024年＋2・1％（前回＋1・5％）、2025年＋1・7％と、大幅に上方修正されました。一方で中国は、2023年＋5・2％（前回＋5・0％）、2024年＋4・6％（前回＋4・2％）、2025年＋4・1％と前回比で上方修正されていますが、2025年にかけて景気減速が続く見通しになっています。

原油・天然ガスを武器に台頭する中東諸国

これまで述べてきた通り、今日のインフレの要因の一つであるエネルギー価格の上昇に対し、東日本大震災の発生という大惨事があり、日本では適切な対応がなされてきたとは言えません。繰り返しになりますが、「最適なエネルギー政策」を考える上で、次の四つの条件の全てを満たすことが理想です。

① 安定供給が可能かどうか？（頑健性）
② 調達コストが高いか安いか？（経済性）
③ クリーンか汚いか？（CO_2排出量）
④ 安全であるかどうか？（安全性）

再生可能エネルギー（太陽光や風力）は、天気、日照時間や風況に左右されるという本来的な欠点があり、首都圏など電力の大量消費地域に運搬するための送電網の構築、発電量の変動を補完するために必要な大型の蓄電池など、技術革新に期待する必要があるため、安価ではありません。

再生可能エネルギーは、安全でクリーンですが、日本の地理的条件から、現時点では再エネを主力電源と位置づけられません。原子力はクリーンで安価ですが、（3・11以降、国民感情的に言えば）安全なエネルギーではなくなりました。地球上に完璧なエネルギーは存在しません。また、日本のような島国では、欧州のように隣国から電力を融通してもらうことは現実的ではないため、様々なエネルギーを組み合わせることによって、柔軟に対応することが不可欠です。

新しい「エネルギーミックス」は、電源構成に占める再生可能エネルギーのウエイトを引き上げ、石炭火力のウエイトを引き下げることが焦点ですが、原子力発電所の新設や再稼働は地元の理解が得にくいことに加え、洋上風力発電の設置場所は限られることを考えると、当面は太陽光発電への依存度が高まります。資源や国土が乏しい日本の立地競争力が弱い中、再生可能エネルギーや水素を安価で大量に供給できる革新的イノベーションに到達する前の段階で、原子力発電を完全に否定すると、電力の安定供給が難しくなります。

グローバルサウス内の競争激化──日本が抱える新たな課題

ロシアによるウクライナへの軍事侵攻を発端として、①パンデミック対応、②気候変動対策、③物価高対策、④エネルギー危機への対応、⑤欧米主要国の金融引締め、⑥世界的な景気減速、⑦流動性危機や金融システム不安を回避するための協調体制、⑧新興国・途上国への食料支援など、日本が克服すべき多くのテーマが発生しました。

さらに、「グローバルサウス」と呼ばれる、圧倒的多数の新興国・途上国への対応も求められます。気候変動、地政学など地球規模的課題への対応においても、今や新興国・途上国を巻き込んで議論しないと意味がなくなってきました。市場経済と民主主義を掲げる先進国が、世界の政治経済をコントロールできる余地は小さくなっています。

もちろん、ひと口に新興国・途上国と言っても、それらの国が一体となって行動するわけではなく、それぞれの国益や地域の論理・利害で行動するため、先進国サイドは注意して対応する必要があります。経済のブロック化や世界の分断を回避するためにも、新興国・途上国の理解と協力は不可欠です。

脱炭素化で拙速な対応は禁物

脱炭素化は、世界の潮流です。ただ、仮にガソリン車やガソリンスタンドがなくなった場合、自動車産業は裾野が広いので、自動車部品メーカーのみならず、鉄鋼・非鉄・アルミなど素材業種を含む製造業全体の雇用は減少していく可能性が高くなります。また、日本独特の軽自動車は値段が高くなっていけば、低所得者層は入手が困難となり、自動車がないと生活ができない地方から大都市圏へと人口移動がさらに加速する可能性が危惧されます。

脱炭素化は「世界の潮流」とはいえ、人口減少社会である日本は、CO_2排出量は緩やかに減少するため、拙速な対応は禁物です。アジア主要国のカーボンニュートラル達成の目標時期は、中国が2060年、インドは2070年です。アジアは化石燃料（特に石炭）に依存したエネルギー政策が中心です。火力発電への依存度が高い日本にとって、「2050年のカーボンニュートラル達成」という日本政府の目標は高いハードルです。現時点でこの旗を降ろすメリットはありませんが、

2050年に十分に近いタイミングで、グローバルサウスの代表国であるインドの立場を説明しつつ、目標達成のタイミングに柔軟性をもたせる方向で欧米主要国と調整することは検討する価値があるかもしれません。

激変する国際情勢下、日本にとってグローバルサウス諸国は、政治的にも経済的にも重要性が高まっています。日本は、グローバルサウスとの連携を強化することで、①国際秩序の安定を目指す、②グローバルサウス諸国のニーズが高いDX分野やグリーン分野を中心に共同プロジェクトに取り組む、③成長余力が高いグローバルサウス諸国の活力を生かした日本のイノベーション創出、産業基盤ネットワーク構築、サプライチェーンの強靭化、経済安全保障分野での強化、は不可欠です。

とりわけ経済安保の観点からは、希少鉱物資源のうち、リチウム（中国55％、チリ30％）、レアアース（中国60％、ベトナム16％）、ニッケル（インドネシア28％、フィリピン26％）の入手先として、グローバルサウス諸国との連携は極めて重要です。

ウクライナ戦争の長期化

2022年2月24日、ロシアはウクライナへの軍事侵攻に踏み切りました。ウクライナのゼレンスキー大統領は西側諸国に軍事支援と経済支援の継続を取り付けました。一方で、ロシアはクリミア奪還を許すわけにはいかず、ウクライナ戦争はさらに長期化、泥沼化する蓋然性が高まりました。

国際紛争は、①ウクライナ戦争の長期化、泥沼化、②イスラム組織ハマスとイスラエルの大規模な軍事衝突、③底堅い米国経済（政策金利の高止まり）から、日本経済の先行きは不確実性が高まっています。国際紛争は従来、「一過性のイベント」と整理されてきましたが、今回は様相が異なります。個別に見ていくと、以下の通りです。

① イスラム組織ハマスとイスラエルの軍事衝突が長期化すると、パレスチナおよびアラブ諸国と西側諸国の軍事・政治的対立に発展し、世界的な紛争に発展するリスクがあります。イスラエル建国時（１９４８年）から米国がイスラエルの後ろ盾になっています。イスラム革命後のイランが反米姿勢をとり、最近ではサウジアラビアが親米路線からグローバルサウスの一角として自国の利害である原油高誘導に動いています。米国が親イスラエル路線を貫くと、イラン・サウジアラビアと米国の関係が悪化し、中東地域の地政学的リスクが高まる可能性があります。

② 原油価格高騰は、「パンデミック、気候変動、国際紛争」という供給ショックに起因するインフレ圧力を高め、中東産油国への原油依存度が非常に高い日本経済へのダメージは大きいものとなります。

③ ウクライナ戦争の長期化に加え、パレスチナ問題の複雑化は、パンデミック後の主要国の金融引締めの遅れ、財政余力低下の中、世界経済の下振れ要因となる可能性もあります。

④ 米中のデカップリング（あるいはデリスキング）、ウクライナ戦争を受けた米露対立を踏まえ

ると、サプライチェーンの再構築を迫られ、潜在的なインフレ圧力を高めることにつながります。

日本を拠点にビジネスをしていると、パレスチナとイスラエルの長く深い歴史的対立を正確に理解することは難しいものの、この紛争の終結の仕方を間違うと、米国とイラン・ロシア・サウジアラビアが絡む中東地域の地政学的リスクが高まります。そして、米大統領選の結果次第では、関係国の緊張がさらに深刻なレベルに達する可能性があります。

[6] 重みを増す「経済安全保障」

「経済安全保障」がマクロ政策の中核に

日本政府は、「エネルギー安全保障」と「食料安全保障」を中心に「経済安全保障」の重要性を十分理解しています。前者については、日本は化石燃料の調達の大半を海外に依存しています。一方で、後者の農業分野については、小麦だけでなく、肥料と飼料価格が高騰しており、「食料安全保障」の観点からは、①食料自給率の引上げ、②安定的な輸入の確保、③将来にわたって良質な食料を合理的な価格で入手できるルートを確保する必要があります。

国連食糧農業機関（ＦＡＯ）は、ウクライナ戦争による穀物価格高騰の影響は、新興国も含めると、(天然ガス価格の安定の恩恵がある) 資源高の影響よりも大きいとしています。先進国は国内対応のみならず新興国に向けて、2010〜2012年のアラブの春のような局地的な食料危機の再現を避けるための経済支援を要請され、日本の財政負担は益々増えると予想されます。

「経済安全保障」の短期・中期・長期の視点

パンデミックに続く、ウクライナ問題に共通する物価高の要因は、グローバル・バリューチェーンの混乱や物流の停滞、コモディティー価格上昇など全て「供給制約によるインフレ圧力」です。これに対する物価高対策は、財政余力が低下する中、対象品目・期間・対象者を絞り込むべきです。また、「エネルギー安全保障」と「食料安全保障」の観点から、短期・中期・長期プランを再考する必要があります。短期はエネルギーと食料の安定確保および価格統制、中期はサプライチェーンの構築、長期は国内自給率の引上げが柱になります。

[7] EVブームが一旦弾ける可能性も

EVを巡る環境の変化

国連によれば輸送分野は、世界のエネルギー関連のCO_2排出のほぼ4分の1の原因を占めています。ＥＶを巡る各国の動向は、以下のようにまとめることができます。

①（日本メーカーなどにエンジン車で敗北した）欧州が２０１９年以降、脱炭素化とＥＶ化を先導してゲームチェンジを仕掛ける、②中国が電池開発を軸としたＢＥＶ（バッテリー式電気自動車）の競争力強化に取り組み、自国市場のみならず中国企業が（車載用蓄電池の開発をバネに）世界のＢＥＶ市場を席巻、③中国企業の台頭を脅威に感じる欧米が中国のＥＶの排除と国産ＢＥＶの優遇を推進、④日本は多様な選択肢を追求し続け、国内のＥＶ市場の創造とサプライチェーンの強靭化に取り組む――という構図になっています。

また、ＣＡＳＥ（コネクティッド化、自動運転、シェアリング・サービス化、電動化）対応というデータやデジタル技術を活用したクルマ作りという自動車産業の構造を大きく変える可能性がある変革期にあります。ＣＡＳＥのうち自動運転は、交通事故削減、高齢者等の移動手段、ドライバー不足の解消など、生産年齢人口の減少局面に入った日本において、その社会的意義がクローズアップされています。

一方で自動運転の実現は技術的難易度が高く、制度や社会インフラの整備など課題も多いため、官民一体となった取組みが必要になっています。ＢＥＶが内燃機関で動く自動車の全てに取って代わるわけではありませんが、自動車・自動車部品メーカーは、統合や業種転換など「選択と集中」の動きをスタートしています。

米国のテスラや中国のＢＹＤを中心に、ＥＶの世界市場で覇権争いが展開される一方で、欧米ではＥＶブームが曲がり角に来ています。多くの国でＥＶ車購入補助金が給付されていますが、例えば米国の「インフレ抑制法（ＩＲＡ）」ではＥＶと電池について主要生産地や調達網を細かく規定し、条件を満たさないＥＶは最大７５００ドルの税額控除の対象から外す内容が盛り込まれています。米国政府のＥＶ推進は産業政策としての位置づけであり、ＩＲＡによるＥＶの国産化、中国排除を推進していますが、足元では停滞気味です。ＢＥＶを牽引してきた米最大手のテスラは２０２３年に入ってから、主要モデルで断続的に値下げを実施するなど、市場には変化が見られます。

欧州の自動車メーカーの一部は、内燃機関で動くガソリン車の生産を打ち切り、ＥＶシフトを明確に打ち出していましたが、フランスは２０２３年12月、ユーロ圏域外から輸入するＥＶを購入支援の対象外とする制度改正を発表するなど、自国の自動車産業を守る保護主義色が目立ってきました。このほか以下の懸念材料が取り沙汰されています。

① ＢＥＶの開発・生産で先行する中国は、多数の現地メーカーによるＢＥＶの過当競争が発生し、値下げ販売によって体力のない自動車メーカーの経営破綻が心配されていること（中国の有識者は、住宅部門の不振よりもＢＥＶの開発競争の過熱を心配しています）。

② ＢＥＶの高速充電、航続距離の延長などポジティブな話題がある一方で、リセールバリューがガソリン車に比べて低い、衝突事故の発生時、交換すべき部品点数が多くガソリン車よりも修理コストが高いなどトータルの維持費がまだまだ高いこと。

③　ＢＥＶはガソリン車よりも値段が高く、ＥＶ購入時の補助金がなくなると、ＥＶ販売が失速するリスクへの懸念から、先行メーカーがＢＥＶ生産へ完全シフトする計画を後ろ倒ししているとのネガティブな動きもみられる。

ドイツ政府は２０２３年12月16日、ＥＶ補助金を翌日から停止すると発表。ドイツの新車販売に占めるＥＶの比率は22％まで上昇していますが、突然のＥＶ補助金の打ち切りで、ＥＶ販売がしばらく回復しないとの悲観論が出ています。中国とドイツは、景気が停滞しており、ＥＶ販売の低迷が長期化するような場合、世界的にＥＶバブルは一旦弾ける可能性があります。

中国政府は、ＢＥＶの普及によって「自動車大国」を目指していますが、ＢＥＶは弱点を抱えています。①大寒波・猛暑など厳しい気候条件において、電力消費量が加速度的に増え、航続距離が大幅に低下する、②高速充電設備網を全国的に構築しても、国土が広い国における長距離移動に不向きである、③走行スピードが速くなると、一回の充電での航続距離が短くなる、④洪水など水害や豪雪が発生すると、電気駆動システムが作動しないトラブルが発生しやすい——こうした課題の解決には時間を要します。

最近では、「早い段階でテスラのＢＥＶを購入した富裕層が、ＢＥＶ市場から脱落し始めた」「ＢＥＶの人気、特に米国の富裕層における高級ＢＥＶに対する需要が低下、各自動車メーカーは、ＢＥＶへの本格的な移行に慎重になってきた」「各自動車メーカーは、高級ＢＥＶの需要の鈍化を受けて、ハイブリッド車に注目し始めた」といった報道を聞くことが増えてきました。ＢＥＶ化の将来像を論じる場合、念頭に置く前提によって見通しが大きく異なってくると思われます。

欧州は２０３５年に新車はＺＥＶ（＝ＥＶ＋ＦＣＶ）で１００％という目標を設定し、米国は、２０３０年にＺＥＶ（＝ＥＶ＋ＦＣＶ＋ＰＨＥＶ）で50％という目標を設定しています。この目標がそもそも高過ぎて、非現実的なため、議論が混乱しがちです。実際、この目標に沿って、ＥＶが直線的に伸びていきそうにないことは、そのとおりです。この点、数年前から日本の経済産業省が主張してきた、「多様な選択肢を追求」していくことの重要性が改めて明らかになっているように思います。

一方で、現状の自動車販売に占めるＢＥＶの比率は、ＥＵでも15％程度、米国では7％、日本は2％です。これが、現状のままとなるかというと、さすがにそんなことはないように思われます。本書では、二つの理由を指摘します。

① カーボンニュートラルに向けた取組みです。「２０５０年にカーボンニュートラルを実現する」いう目標そのものを否定することは現実的ではなく、ＣＯＰにおける国別行動計画の提出を含め、少なくとも5年に1回程度は、カーボンニュートラルに向けた取組みを強化すべきという国際世論が高まると思われます。その中で残念ながら燃料の脱炭素化だけで運輸部門のカーボンニュートラルを描くことは現時点では現実的ではなく、やはり電動化を進めるべきとい

う圧力は強まり続けています。

② 多くの日本の自動車メーカーは、電池投資を中心に、すでに大きな投資にコミットしています。トヨタは2026年に150万台、2030年に350万台という目標を掲げており、一定の修正はありうるものの、そもそも方向を転換することは簡単ではないと思います。

そのなかでトヨタは、工場建設が始まっている車載用電池工場の稼働が2025~2026年頃となるため、おそらく一定の停滞を経つつ、2025~2026年頃にはあらためて電動化は加速化するという大きな展望を描いていると推察されます。

その意味で、EV化の比率は50%超という数字にはなりませんが、20%、30%という水準になる可能性は十分にあり、内燃機関で稼いできた日本の自動車産業としては、内燃機関の市場規模が2割程度は減少するため、非常に大きなインパクトとなります。

「電動化」への挑戦

自動車市場の今後の見通しについては、当面は、BEVと内燃機関が併存しながら、世界市場が広がっていくとみられます。2030年時点の世界自動車販売台数に占めるEVの比率は3割程度と予想されています。日本の自動車産業の国際競争力を維持していくためには、BEVにおける競争力の強化が求められます。新車販売市場におけるBEVのシェアは、欧州が15%程度、米国が

7％程度、日本は2％程度に過ぎず、BEVの国際競争力を高める必要があります。内燃機関において勝ち続ける取組みの両面戦略が不可欠です。

また、自動車業界への依存度が高い日本の製造業の現状を踏まえ、①ハイブリッド車を守る多様な選択肢を追求する国際交渉を続けると同時に、②産業政策としてEVのサプライチェーンの強靭化――電動化と内燃機関の併存する自動車市場に対応するため、大手サプライヤーでは事業再編による「選択と集中」、経済産業省による中小・中堅サプライヤーの業種転換支援、③革新的イノベーション（全固体電池など次世代の車載用蓄電池の開発支援）、④安定的な蓄電池サプライチェーン構築および重要鉱物の確保、が重要となります。

以上で見てきたように、「電動化」の流れが加速する中、自動車価格には潜在的に上昇圧力がかかっており、インフレ要因となることも念頭に置いておくべきでしょう。

日本の自動車政策の方向性

世界の自動車市場が大きく変化する中で、基幹産業である自動車産業が中期的に勝ち抜けるように、日本の自動車政策は、①グローバルな市場整備、②BEVを含めた多様な選択肢での国際競争力の確保、③充電・充てんインフラ整備、④水素モビリティ社会の構築、⑤合成燃料（e-fuel）の開発の加速、⑥水素モビリティ社会の構築、⑦BEV増加に対応した円滑な事業再編・業態変更、⑧「モビリティ産業」への展開（クルマのデジタル化の開発、DXによる異業種連携、自動運転の早期社会実装など）を同時に進めていく必要があります。

日系自動車メーカーが比較優位にあるＨＥＶ／ＰＨＥＶ（ハイブリッド車）、あるいは、合成燃料を活用して内燃機関で駆動する自動車が生き残れるのであれば理想的です。「電動化＝ＥＶ（電気自動車）」が世界標準となり、ハイブリッド車が環境不適合とならないようにグローバルなルール作りにも積極的にかかわっていく必要があります。自動車産業の競争力が失われた場合の、自動車産業・自動車部品業界の雇用削減は、鉄鋼や非鉄やアルミや素材メーカーなど製造業全体に及び、関連のサービス業など産業全体で生じていくことになります。

ＥＵでは、天然ガスの価格高騰、電力卸売価格の急騰が小売電力料金の大幅上昇をもたらし、社会問題化しました。天然ガスの安定供給に不安をもったＥＵの一部の国は、低所得世帯に対する減税や補助金の導入を行っています。日本は将来、ＥＶ以外の電動車を認めないとするＥＵやイギリスの議論を牽制しつつ、中国企業にアジアのＥＶ市場でのシェア拡大に歯止めをかけるしたたかな戦略が、国益の観点から重要です。

▼第３章のまとめ

脱炭素化、「２０５０年カーボンニュートラル目標」の実現に向けた、化石燃料から再生可能エネルギーへの「エネルギー転換」は、その移行期間において、エネルギー価格全体を押し上げます。エネルギー革命が発生すると、新しいエネルギーへの移行期間において、古いエネルギー価格が上昇するケースは多く、「気候変動のパラドックス」と言われます。化石燃料から再生可能エネルギーを中核とするエネルギーへの移行期間は長く、「2050年カーボンニュートラル目標」の達成までの社会コストは莫大な規模となります。日本の再生可能エネルギーの発電量を阻害する要因は、①海外と比べて大きい発電コスト、②送電網の建設、③蓄電池の整備、④地理的ハンディキャップなど数多く、ベストな「エネルギーミックス」について議論を深める必要があります。また、ガソリン車に比べ、BEVは値段が高いため、BEVシフトの潮流もインフレ要因です。

第 4 章

国力低下を反映した円安

The Compound Inflation

[1] アベノミクスは「高圧経済アプローチ」

財政出動による需要刺激

2008年のグローバル金融危機の発生後、主要国では景気の停滞局面が続き、大規模な資産買入れを柱とする非伝統的金融緩和を実施しました。その後、経済情勢が安定をみせる中、Fedは金融政策の正常化に着手しました。2020年に発生したパンデミックは、2008年のグローバル金融危機よりも世界経済に深刻なダメージを与えました。

バイデン政権誕生後、イエレン財務長官が主導する形で、パンデミック対策として（戦争を除き）過去に例のない大規模な財政出動を実施。Fedのパウエル議長は2020年3月に政策金利をそれまでの1・5〜1・75%から0・0〜0・25%へと、2回に分けて1カ月間に計1・5%も引き下げた上に、米財務省と連携して極めて異例な非伝統的金融政策を実施しました。「金融政策と財政政策のポリシーミックス」による高圧経済アプローチが採用されたと言えます。これは、潜在成長率を超えるような景気の過熱を容認して需要超過の圧力をかけ続け、需給を引き締めるアプローチです。

米国では、パンデミックによって労働供給が減少した結果、失業率は急速に低下。また、①賃金インフレ、②財政出動による強制貯蓄の取崩しによる繰り越し需要が発生していました。米国景気が過熱気味となったことで、Ｆｅｄは２０２２年に入ってから急速な金融引締めに転じました。一方、日本で２０１３年にスタートしたアベノミクスは、構造改革や成長戦略が先送りされ、大規模な金融緩和と機動的な財政出動が連携する「高圧経済アプローチ」と解釈できます。

アベノミクス誕生の経緯

１９９０年代以降、日本経済が低迷した理由は様々ですが、多くの論者は以下のようなポイントを挙げています。①人口の少子高齢化、生産年齢人口比率の低下、②社会保障負担の増加、国民負担率の上昇による社会の活力の低下、③バブル崩壊後のバランスシート調整（家計、一般企業、金融機関）による逆資産効果、④デジタル技術等の新技術への乗り遅れ、イノベーションの停滞による企業の新製品を生み出す力、「稼ぐ力」の弱さ、⑤非効率な資源配分、⑥マクロ政策の効果の減衰（流動性の罠による金融緩和の効果の低減、ポピュリズム的な財政政策）などです。

日本のバブル崩壊後、「失われた20年」という表現が頻繁に使われました。そのような中で、多くのエコノミストは「人口動態の変化によって日本の成長モデルの下方屈折が発生しているのであるから、金融政策は痛み止め程度の効き目はあっても、日本経済をデフレ状況から脱出させる力はない。地道な構造改革やイノベーションによって経済の再活性化を目指すべきだ」と主張していました。

一方で、一部の識者は「日本が流動性の罠に陥った原因は、金融政策の失敗によるものである。

物価は貨幣的現象なのであるから、中央銀行が断固とした態度で流動性供給（マネタリーベース）を大幅に増やせば、人々の『インフレ期待』を一気に高めることは可能である」と主張しました。このリフレ派の考え方は、金融政策に関心を持つ安倍晋三総理（当時）が強い関心を示し、2013年3月に黒田東彦前日銀総裁の登場につながっていきます。

［2］異次元金融緩和――バブル崩壊後の「失われた20年の処方箋」

量的・質的金融緩和の導入

黒田前総裁が就任した直後の2013年4月4日の金融政策決定会合で導入が決定された「量的・質的金融緩和」（QQE、異次元緩和）の骨子は、①2年程度の期間を念頭にできるだけ早期に消費者物価の前年同月比上昇率2％を達成するという明確な約束（コミットメント）、②そのコミットメントを実現するための「量的・質的金融緩和」の実施、です。後者は、銀行券と準備預金（中央銀行が取引先金融機関から受け入れている要求払い預金）の合計額であるマネタリーベース（ベースマネーと同じ）および長期国債・ETFの保有額を2年間に2倍に増加させるという内容です。

QQEでは、量的な金融緩和を推進する観点から、金融市場調節の誘導目標を無担保コールレート（翌日物）からマネタリーベースに変更したように、リフレ派の考え方が色濃く反映された枠組

図表4-1　日本のマネタリーベースとマネーストック

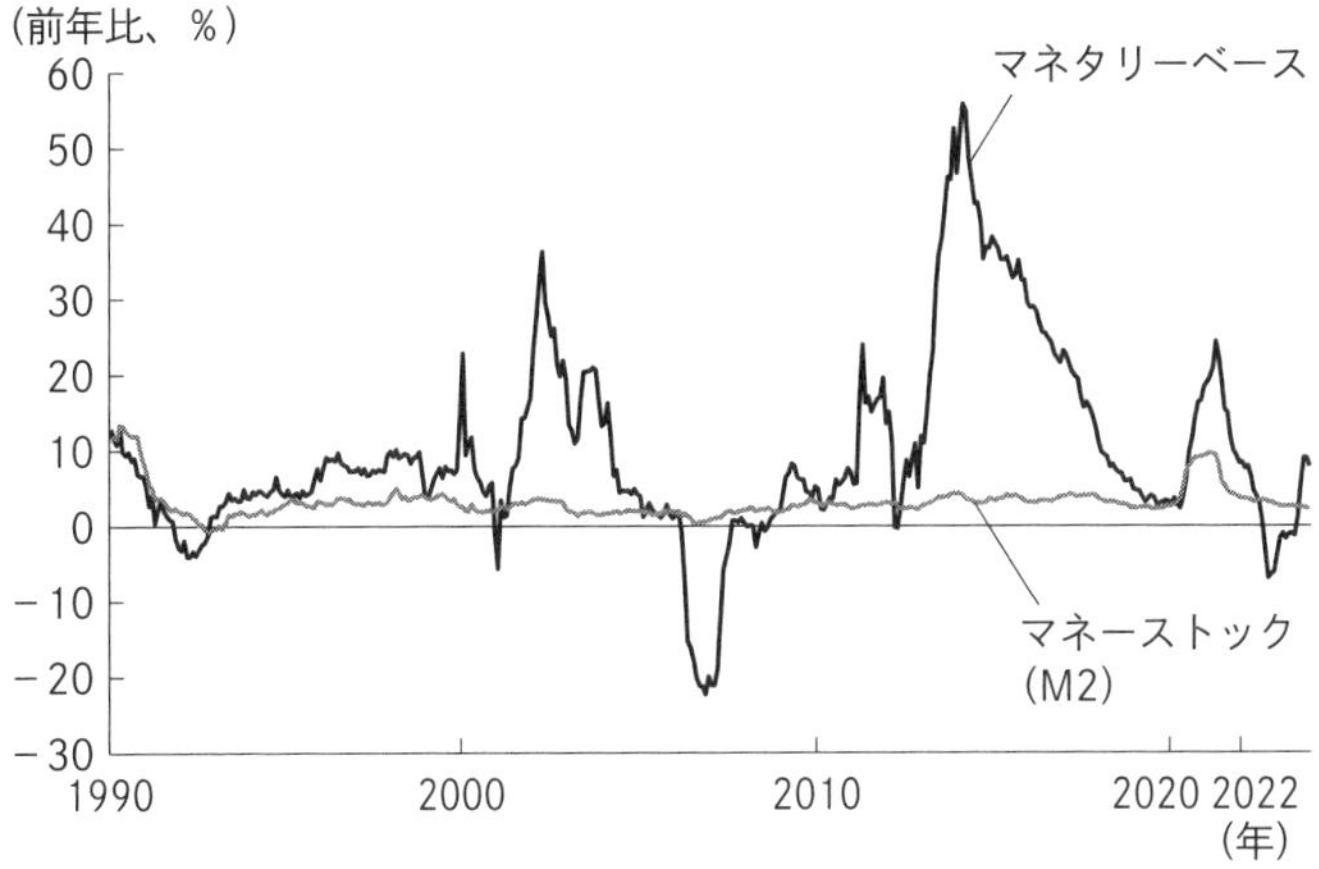

（注）平均残高前年比。
（出所）日本銀行、筆者作成。

みでした。黒田前総裁は、中央銀行が世の中に提供している貨幣の総量を一気に2倍にすることで、中央銀行自らがインフレ期待を起こし、家計は消費を増やす、企業は賃上げや設備投資に前向きになるという明るいシナリオを描いていたと思われます。[14]

しかし、それが幻想であることを金融のプロは熟知しています。その理由は、中央銀行がベースマネーを増やす基本的な手法は、市場から国債やその他の証券を買い入れる「買いオペ」です。一般的に、取引先金融機関が保有する国債が減って、日銀の当座預金が増えるだけなので、ベースマネーをいくら増やしても、マネーサプライが増えるわけではありません。黒田前総裁もそのことを当然理解していたと見込まれますが、「異次元緩和」や「黒田バズーカ」と言われる大胆な金融緩和策によって、人々の

「インフレ期待」が高まれば、デフレ心理が払拭されて流動性の罠という状況から抜け出すチャンスはあると考えたと推察されます。

アベノミクスの始動

第二次安倍政権は2012年12月に誕生しました。アベノミクスは、①日銀の異次元緩和による「デフレ脱却」、②法人減税を柱とする「ビジネス重視」、③グローバル化の果実の取り込み（インバウンド需要、TPPやFTAなど多国間の貿易協定など）を掲げて、2013年春から本格的に始動しました。2013年春は、①日本の景気の「底」が2012年11月であった、②Fedが利上げ局面にあったことから、黒田前総裁が2013年4月4日にスタートした異次元緩和は、外為市場において円安ドル高が進行し、株式相場も上昇基調を続けました。

アベノミクスのスタート時は、幸運に恵まれ、2014年の夏場までは消費者物価（除く生鮮食品）は順調に上がり、1%台半ばとなり、金融市場の一部では「2015年に消費者物価（除く生鮮食品）は前年同月比2%を達成するかもしれない」との期待感も生まれました。しかし、その後、原油価格の急落、消費税率引上げの影響で個人消費が減速し、物価上昇のモメンタムも鈍化しました。さらに、安倍政権が自ら講じた、携帯料金の値下げにより物価は押し下げられ、また、外国人労働者の受入れは低賃金労働を増やし、賃金全体の伸びは鈍り、デフレ脱却に逆風となりました。

内閣府は2018年12月を景気の「山」と認定したように、景気減速によって物価上昇のモメンタムに歯止めがかからないまま、パンデミックが発生して、アベノミクスによる景気浮揚は一旦終焉を迎えました。異次元緩和は「期待に働きかける」政策ですが、1年目の段階（2013年4月～2014年4月）において大手事業会社が賃上げや設備投資を大幅に増加させる企業行動をみせなかった時点から、日銀内で「金融政策だけでデフレを脱却することはやはり難しい」というムードが広がった可能性があります。

アベノミクスの基本的な考え方は、①大企業から（中堅企業を経て）中小・零細企業へ、②首都圏から地方へ、③企業部門から家計部門へと経済効果のトリクルダウンが発生するというものです。しかし、異次元緩和や大規模な財政出動のトリクルダウン効果は期待外れに終わりました。また、アベノミクスは（訪日客の増加、年金運用の見直しなど）政策転換の成果のスピードも重視していました。政治家がスピードを重視することは仕方がありませんが、望ましい時間軸が異なる政策課題の全てを「できる限り早急に」対応しようとすれば、反動が出るのは当然です。

「ゴールポスト」を変えた第二次安倍政権

そこで、安倍首相は2015年9月25日、①円安ドル高進行が輸出増加につながる、②企業業績改善が設備投資の増加につながる、③雇用増加が個人消費の回復につながる、という好循環が明確でないとの批判に応える形で、「アベノミクスは第二ステージに移る」と宣言し、経済成長の推進力として新たな3本の矢を掲げました。

「新3本の矢」は、①希望を生み出す強い経済、②希望を紡ぐ子育て支援、③安心につながる社会保障、が盛り込まれました。安倍総理は「長年手つかずであった日本社会の構造的課題である少子高齢化の問題に真正面から挑戦したい」と意気込みを示しました。新たな3本の矢では、以下の目標を設定しました。①2020年度の名目GDPを2014年度の490兆円から600兆円へ押し上げる、②合計特殊出生率を1・4程度から1・8程度に引き上げる、③介護離職をゼロにする。安倍首相は当日の会見で、「少子高齢化に歯止めをかけ、50年後も人口1億人を維持し、家庭・職場・地域で誰もが活躍できる『1億総活躍社会』を目指す」とコメントしました。

安倍政権は、「新3本の矢」を実現するための具体的な政策手段が必ずしも明確でないという批判を受けて、①生産性革命（IoT、ビッグデータ、AI、ロボットを活用したイノベーションなど）、②人づくり革命（幼児教育の無償化、待機児童の解消、高等教育の無償化、介護人材の処遇改善など）が、それぞれの政策パッケージと一緒に打ち上げられました。しかし、少子高齢化、待機児童ゼロという社会問題は解決されておらず、社会保障関連支出の拡大によって政府債務残高は膨らみ続けました。

アベノミクスの恩恵が少ないグループにしわ寄せ

アベノミクスの恩恵を受けていないグループは、地方生活者、年金生活者、地域金融機関と判断されます。そうした中で発生したパンデミックは「異様な萎縮ムード」を高めた結果、①中小・零細企業の資金繰りを悪化させて、雇用情勢にも悪影響を及ぼすリスクが高いこと、②地域金融機関は貸倒引当金を積み増す必要があること、③国内感染の急拡大を防ぐため、感染が拡大した地域では自宅待機や学級閉鎖によって経済活動が低下することから、上記のアベノミクスの恩恵を受けていないグループにさらなるしわ寄せがきました。

[3] アベノミクスの功罪——構造改革は掛け声倒れ

リフレ政策の限界

「大胆な金融政策」「機動的な財政政策」「民間投資を喚起する成長戦略」という3本の矢を掲げて、2013年春に本格的にスタートした当初は、株価、対円でのドル相場、GDP成長率、企業業績、就業者数、女性の労働参加率の押し上げなど一定の成果をあげました。しかし、インフレ期待や労働生産性や名目賃金の引き上げにはつながらず、本格的なデフレ脱却には至りませんでした。企業業績の回復もまちまちでした。

アベノミクスでは、地方創生も掲げられましたが、市町村合併やコンパクトシティ構想など地方経済を活性化させる再建プランを描ける人材が地方自治体レベルで不足する中、大半がインバウンド需要や観光業に活路を求めました。パンデミックにより、海外からの旅行者が激変する中、地方経済は依然として厳しい状況です。

アベノミクスは、金融政策と財政政策を総動員して何を主眼とした成長戦略を目指したのか、今から考えると分かりにくいマクロ政策でした。①大胆な金融政策、②機動的な財政政策、③民間投資を喚起する成長戦略という「(旧)3本の矢」が知られています。一方、安倍政権の経済政策の基本的な考え方は、先に触れた通りですが、大幅な賃上げが実現せず、デジタル化の先端業種でプラットフォーマーと言えるような大企業の育成といった目立った成果はあげられませんでした。

トリクルダウンと言えるほどのインパクトなし

2011年の東日本大震災後から2012年にかけて、日本の産業界は、①超円高、②法人税の実効税率の高さ、③(TPP交渉の難航など)自由貿易協定の遅れ、④原発稼働停止による電力価格上昇、⑤製造業を中心とした労働市場の硬直化、⑥CO_2の2020年に向けた削減目標など、「六重苦」の存在が指摘されていました。

第二次安倍政権は、電力価格、労働規制、環境問題への対応は道半ばでしたが、①〜③において結果を残しました。一時1ドル=75円近くまで高騰した円相場は、日銀の政策対応だけが批判されるべき問題ではありませんでしたが、アベノミクスの第一の柱である「大胆な金融緩和」で相当程度解消されました。円高解消に伴い株価も上昇に転じて企業マインドも改善したことから、アベノミクスは一定の成果をあげたと評価してもよいでしょう。

もっとも、一般的に、「アベノミクスによって期待されたトリクルダウンは発生せず、中小・零細企業や地方企業はアベノミクスの恩恵を受けられなかった」と言われています。ただ、大企業もアベノミクスによって売上高・企業収益・正社員の賃金・時価総額は目を見張った増加はみられず、大手企業の株価が多少押し上げられた程度でした。大企業や首都圏が潤えば、やがて中小企業や地方にも恩恵が行き渡るというトリクルダウンにつながらなかったと思います。すなわち、富裕層→中間所得層→低所得者層、大企業→中堅企業→中小・零細企業へのポジティブな波及効果が十分発生せず、逆に格差が拡大しました。その背景として、以下が発生していることへの理解が足りなかったことを指摘できます。

① 潜在成長率の低下
② 痛みを伴う構造改革の先送り
③ 成長産業育成に政治資本を投入するための財政余力の維持（財政健全化の遅れ）
④ 労働分配率の低下（資本分配率の上昇）
⑤ グローバル展開するプラットフォーマー企業によるクロスボーダー・ビジネスの寡占化（日本企業は、収益性の高い分野への研究・開発投資や市場シェアを伸ばすことができなかった）

以上を踏まえると、アベノミクスに欠けていた視点は、以下の点だと筆者は考えます。

●経済のグローバル化、イノベーションの劇的な進化（AI、オートメーション化）
●省人化投資、ビジネス・プロセスの見直しによる労働分配率の引き下げ競争
●少子高齢化・地方からの人口流出など、予め想定された人口動態の変化への対応が遅れた
●企業再生・事業再生、企業の新陳代謝（不採算部門・地域拠点の売却）
●規制緩和（独占禁止法の弾力的運用）によるイノベーション促進
●クロスボーダーM&A、グローバルな企業の連携、外部人材の登用
●世界の潮流の見極め（DXや気候変動対応）

プラットフォーマーと言われる日本企業の誕生に寄与せず

アベノミクスは本来、第三の柱である構造改革と成長戦略に対する期待が高かったと言えます。しかし、労働市場の流動化、経済の新陳代謝、イノベーションによる生産性上昇が進捗せず、日本企業の国際競争力は低下しました。米国のGAFAMのような、株式時価総額が大きいプラットフォーマー企業が誕生する機運は高まりませんでした。

アベノミクスのスタート時点で、行き過ぎた円高ドル安進行が是正されれば、日本企業は国際競争力を回復するという期待もありました。日本企業を、①グローバル競争を勝ち抜ける財務体質や変化に対応できる経営資源がある企業群、②このまま低空飛行を続けた場合、グローバル競争に耐

えられず、緩やかな衰退に向かう企業群、③すでに危機的状況に直面していた企業群、の三つのグループに選別すると、アベノミクスは、異例の低金利政策とバラマキ財政によって、②と③の企業群を存続させただけで終わったと言えるのではないでしょうか。

また、アベノミクスと地方創生はなかなか両立が難しい中、菅官房長官（当時）がインバウンドと観光業の立て直し策として推進した「ＧＯ ＴＯトラベル」でしたが、それに伴う財政出動規模の割には、大きな成果はありませんでした。安倍政権が構造改革と規制緩和に本気で取り組めば、海外マネーが日本に流入する可能性はありましたが、アベノミクスの第三の矢が力不足であったため、外国人投資家を失望させました。

異次元緩和は本来、「短期決戦」で2%の「物価安定の目標」実現を目指す枠組み

異次元緩和（ＱＱＥ）は本来、①大規模な長期国債買入れによる名目長期金利の押下げ、②２％の「物価安定の目標」への強く明確なコミットメントによる人々の予想物価上昇率の押上げ、の組み合わせによって、実質金利を低下させて景気・物価を押し上げるという波及メカニズムが機能することを前提にした「短期決戦型」の金融緩和の枠組みでした。短期的な「マネタリーショック」によって株価など資産価格押上げや為替円安をもたらす《資産価格チャネル》と《為替チャネル》は一定の効果はありましたが、２％の「物価安定の目標」の持続的・安定的な達成は実現できていません。

安倍元首相は２０１４年1月の施政方針演説で、「３本の矢によって、長く続いたデフレで失われた自信を（国民は）取り戻しつつある」と述べましたが、10年超にわたる異次元緩和を振り返り、「物価が上がれば、国民は豊かになったか?」と考えると、そのような見方は楽観的すぎました。財政規律の弛緩は、企業の新陳代謝やイノベーションを阻害して、潜在成長率を低下させた面があります。

岸田政権が繰り返し、物価高対策を打ち出していることをみると、「社会の持続可能性」や「財政の持続可能性」の観点から、インフレ目標として２％と設定したことが、そもそも不適切であったことを示唆しているように思えます。ＩＭＦも、アベノミクスの「３本の矢」のアプローチを評価しつつも、少子高齢化という逆風が吹く中、労働市場改革や規制改革を断行しなければ、潜在成長率は低下基調になってしまうと警告。安倍政権も、労働市場の流動性を高める必要性を認めていました。

［4］需給要因を色濃く反映する円ドル相場

1ドル＝１５０円を超える円安ドル高定着の回避は重要

ここで説明するまでもありませんが、外国為替レートは輸入品の価格を介して日本の物価に大きな影響を与えます。過去の経験則と同様、ドル相場の水準と方向感は、米国の通貨当局の意向に大きな影響を受けます。2023年10月12日開催のG7財務相・中央銀行総裁会議の共同声明では、以下のように言及されています。

① G7の中央銀行は、それぞれのマンデートに沿って、物価の安定を達成することに強くコミットしている。このために、中央銀行は、インフレ圧力がインフレ予想に与える影響を注意深くモニタリングしており、経済活動への影響や各国間の波及効果の抑制に配慮しつつ、インフレ予想の安定維持を確保するよう、データを踏まえて明確なコミュニケーションを行いながら、引き続き、金融政策の引締めペースを適切に調整する。

② 我々はまた、最近のボラティリティーを踏まえ、国際的な市場を注意深く監視し続け、金融安定理事会によるモニタリングと分析を歓迎する。我々は、今年多くの通貨がボラティリティーの増加を伴って大幅に変化したことを認識しつつ、2017年5月に詳述された我々の為替相場のコミットメントを再確認する。

いずれも、新興国の懸念を巻き込みながら、日本サイドの提唱で盛り込まれた文面と判断されます。しかし、米国サイドは、「2017年5月に詳述された我々の為替相場のコミットメントを再確認する」と、さらっと盛り込むことで、「市場で決められる為替レートが適切である」と主張しているようにみえます。

イエレン米財務長官は、Ｆｅｄの利上げ継続を支持し、「市場で決定される為替レートがドルにとって最良の体制であり、それを支持する」と、１９９５年から１９９９年7月まで米財務長官を務めたロバート・ルービン氏の「強いドルはアメリカの国益である」と言い続けた考え方を踏襲しています。バイデン政権が「強すぎるドル」によって、金融市場で流動性危機が発生するなど金融システム不安への警戒感を強めない限り、今後も意図的なドル独歩高の修正に慎重な姿勢を続けると予想されます。

米通貨当局は「条件付きで日本の円買い介入に理解を示す」姿勢か

日本の通貨当局が円売り介入を行う場合、米通貨当局との事前の協議が必要になります。米国の通貨当局の為替介入に関する考え方は、「よほどのことがない限り、為替相場は市場に任せるべきである」というものです。

日本の通貨当局によるドル売り介入は可能ですが、米国サイドとの調整は骨の折れる議論であることに変わりはありません。米通貨当局は「条件付きで理解を示してくれる」可能性はありますが、２０２２年・２０２３年よりも円ドル相場のボラティリティーは高くなく、日本の通貨当局によるドル売り介入のハードルは高くなっているように思われます。

仮に、２０２４年に入って、米国経済が底堅く、米国で賃金インフレ圧力の高まりからサービス価格を中心にインフレ圧力が再び高まるような場合、米通貨当局はドル高進行が心地よくなるため、米国要因による円高ドル安圧力は後退します。そのような展開になるリスクがあることを踏まえると、①日本政府が財政健全化の旗を降ろしていないことを示す地道な努力を続けること、②日銀が物価見通しに基づく「フォワードルッキングな金融政策運営」を行い、「金融政策の正常化」に前向きな姿勢をみせるなど、日本のポリシーメーカーの適切な政策対応が不可欠となります。

物価上昇圧力が高まる中で、長期金利の低位安定を目指して巨額の財政ファイナンスを継続すると、通貨の信任は低下します。このままダラダラと財政政策による物価高対策を継続すると、財政赤字が膨らみます。2022年英国のトラス・ショックを他山の石とし、過度に緩和的なマクロ政策は見直す局面です。

為替相場――「短期の議論」と「中期の議論」に分けた議論が有効

為替レートは、急速な相場変動という「短期（ボラティリティーや日米金利差拡大）」の議論だけでは説明できず、「為替相場はファンダメンタルズを反映すべきである」といった場合、短期の議論と、「中期（リアライメント）」の議論と分けて考えないと本質を見誤るように思います。

具体的には、①資源・食料品・医療資源の輸入依存度の大きさによる貿易収支の構造的な悪化、②米ドル建てＧＤＰで国際比較した場合の日本の国際競争力の低下（日本は「開放型大国モデル」から「開放型小国モデル」へシフトしつつある）、③国際収支発展段階説における「債権取り崩し国」へ転落した可能性、④ワイズスペンディング（賢い支出）によるプライマリーバランスの黒字化に向けた財政健全化、などを指摘できます。

開放経済かつ経済・金融がグローバル化している世界において、日本の均衡金利の水準が、海外金利の動向に独立して決まるという考え方には無理があったように思われます。日銀が、欧米主要中銀に追随して利上げに踏み切っても、構造的なリアライメント要因への対策がないと、日本経済の相対的国力低下を受けて、中長期的に円は対主要通貨で軟調な展開が予想されます。

通貨当局は、「円相場は、短期的なボラティリティーが低下しても、上記の①～④のような中期的なファンダメンタルズ要因によって弱くなっている」という認識を理解していると推察されます。

金融市場や政治の世界では、日銀が政策修正しないと円安ドル高が再加速すると言う人たちが少なくありませんが、日銀が多少引き締め方向に政策修正しても、中長期的な円安ドル高に歯止めがかかるとは思えません。金融政策を為替レートの安定のために活用することは、適切でも効果的でもないと思います。

先に触れたように日本が、現行の火力発電から再生可能エネルギーへの「エネルギー転換」に真剣に取り組むほど、貿易赤字が膨らみ、外為市場の需給面から円安要因となります。

２０２２年９月から10月にかけて、財務省は計９兆円超の円買いドル売り介入を実施しました。２０２３年も円ドル相場が一時１ドル＝１５０円台に突入しましたが、政府はドル売り介入を実施していません。２０２２年11月以降、円買いドル売りの為替介入が実施されていないことは、①外為市場のボラティリティーは高くない、②米国はインフレ圧力抑制を目指しており、ドル高進行は不快でないこと、③米国サイドから円買いドル売り介入の了解を取り付けることは難しいこと、を示唆しています。

外為相場の見通しが外れる一因

外為市場において円ドル相場の見通しが毎年のように外れている理由は、日米金利差だけに着目した議論が多いためだと思われます。筆者は、円安ドル高が進行している理由は、①国力低下、②貿易赤字の定着など、構造的な要因が大きくなっており、もはや通貨当局によるドル売り介入や日銀の小幅な「金融政策の正常化」では如何ともしがたいと思われます。日本の経常収支黒字の主因は、第一次所得収支の黒字であり、日本企業が海外投資や海外に生産拠点を移転することに伴い発生している黒字です。日本企業がビジネスを拡大するためには海外展開をするしかない中、縮小する日本のマーケットに回帰する企業による円買いの資金フローは極めて限定的です。また、新NISA導入に伴う個人マネーのドル買い需要は年換算で7～9兆円はあると見込まれ、需給面からの円安圧力は相当大きいものがあります。

２０２２年、２０２３年と、対ドルの円相場の安値は１ドル＝１５２円でしたが、偶然に過ぎません。２０２４年の円ドル相場の見通しについて、２０２３年12月時点における市場コンセンサス的な見通しは、日米金利差が縮小に向かうとの理由から、対ドルで円相場は１ドル＝１３０円台まで円高が進行するというものでしたが、2024年2月末段階で、円ドル相場は市場コンセンサス対比で円安水準になっています。上記のように、需要要因が2024年の外為市場における円ドル相場の水準を決定する主因と考えた場合、1ドル＝155円以上に円安に振れてしまうリスクが相応にあると思います。自国通貨安は日本人のドルベースの購買力の低下、すなわち、日本人が貧しくなることを意味します。筆者が、「過度な円安ドル高の回避が物価高対策の王道」と言っている理由もそこにあります。

円安回避には、インフレ目標の柔軟な運用が必要

2022年、2023年の外為市場では、日銀が大規模金融緩和の継続にこだわったことで、その歪《ひず》みが円安ドル高という形で顕在化する場面が少なくありませんでした。欧米主要中銀のように、2%のインフレ目標を柔軟に運用すれば、1ドル＝150円台まで円安ドル高が進行することはなかったと思います。2%の「物価安定の目標」の運用は、2024年の円ドル相場を予想する上でも大きな要因です。今のところ、日銀がマイナス金利政策の解除、その後の短期政策金利の引上げに慎重な姿勢をみせているため、2024年も円安ドル高圧力が強まる局面があると思います。

強すぎるドルが引き起こす潜在的リスク

2021年11月以降、Fedがタカ派に転換した後、2021年末対比で円と英ポンドは対ドル

で約20％の下落、ユーロは対ドルで約16％の調整を受けました。2022年の外為市場はドルの独歩高の展開でした。

2023年3月に米国の中堅銀行が複数破綻しましたが、米金利の高止まりと米商業用不動産市場の調整圧力を受けて、米国の中小の金融機関は、投機的な預金流出や株価急落のリスクを抱えています。パンデミックやウクライナ戦争の影響で財政余力が低下する国々が多い中、仮に「米国の高い実質長期金利」と「強すぎるドル」が継続した場合、以下のような潜在的リスクがあります。

① 米国の資産価格のリプライシングが深刻化するリスク、米国の資本市場の動揺は、米国経済の規模よりも大きな影響を世界各国に与える可能性。
② 米ドル建ての対外債務を抱える新興国の経済・金融市場が動揺するリスク。
③ 基軸通貨ドルと自国通貨の価値を安定化させる必要上、ドル金利上昇は世界全体の金利上昇圧力、世界経済の縮小圧力をかける可能性。
④ 中立金利を大幅に超えるFedの利上げが米国経済をオーバーキルする可能性。
⑤ 米国債の流動性低下、Fedのバランスシート縮小に伴うインターバンク市場の流動性低下のリスク、邦銀の外貨流動性の問題に発展する可能性。
⑥ エネルギーコスト上昇によるインフレ圧力に加え、自国通貨の対ドルレートを安定させるため、金融引締めを迫られている欧州諸国が景気後退に陥る可能性。

［5］異次元金融緩和の副作用

イールドカーブ・コントロールは、ヨットの操縦

２０１３年4月4日に量的・質的金融緩和を導入した際、表向きは、実質長期金利の水準を押し下げることを通じて金融緩和の効果を引き出すと日銀は説明していました。これは、《為替相場チャネル》と《資産価格チャネル》を通じて異次元緩和による「緩和的な金融環境」を醸成したい黒田総裁（当時）の本音と思われます。

イールドカーブ・コントロール（ＹＣＣ）は、ヨットの操縦に喩えると理解しやすい面があります。２０１６年9月21日にＹＣＣを導入した際、日銀は、米国を中心とする海外経済の回復を追い風にして、円安ドル高地合いと、「緩和的な金融環境」を醸成しようとしていたと思われます。「ＱＱＥ＋ＹＣＣ」という金融政策の枠組みのオリジナルな要諦は、以下の通りです。

① 経済・物価・金融情勢を踏まえて、２％の「物価安定の目標」に向けたモメンタムを維持するために最も適切と考えられるイールドカーブの形成を促す。

② 金融市場調節として、短期政策金利と長期金利操作目標（10年物国債金利）を決定する「金

利ターゲット」へとレジームを転換する。

③ 国債買入れ額は、金利操作方針を実現させるために、自ずと増減する。

④ 長期金利を一定水準に固定化する「イールド・ペッグ政策」ではないため、弾力的オペ運営によって、国債市場の適度なボラティリティーは容認する。

⑤ 「指し値オペ」はバックストップの位置づけで、頻繁に活用することは想定されていない。

しかし、その後のオペ運営をみると、指定した金利水準で無制限に国債を買い入れる「連続指し値オペ」が実施され、多年限の指し値オペや臨時国債買入れが頻繁に活用されるようになり、国債市場は市場としての機能を損ないました。

2022年12月の長期金利の許容変動幅拡大——円ドル相場の安定が狙い

日銀は2022年12月19日・20日開催の金融政策決定会合で、10年物国債金利の許容変動幅を2021年3月以来の上下25ベーシスポイントから上下50ベーシスポイントに拡大する「イールドカーブ・コントロール（YCC）の運用の見直し」を全員一致で決定しました。

10年物国債金利の許容変動幅拡大という「YCCの運用の見直し」は、事前に市場に織り込ませることは極めて難しいため、仕方がない面があるものの、多くの国内の金利市場参加者にとってもサプライズでした。この措置は、欧米主要中銀が政策金利引上げを2023年も継続することを示唆する中、決定した時点では安定していたとはいえ、年明け後、円安ドル高進行が再燃する芽を摘むことを念頭に、予防的な措置をとったと解釈できます。黒田総裁（当時）の定例記者会見をみると、いつにも増して元気がなく、顔色はさえず、歯切れが悪い回答が目立ちました。

日銀は、YCC政策を導入する際、量的ターゲットから金利ターゲットに回帰したことに加え、これまで国会で、「変動幅の拡大は、事実上の利上げである」と答弁してきました。こうしたことを踏まえると、長期国債の買入れ額を増額するとはいえ、緩和縮小の方向の決定と解釈されても仕方のない面があります。

あれだけ政策修正に否定的であった黒田総裁が、国債市場の「市場機能の低下」という副作用に配慮して、「YCCの運用の見直し」に踏み切ることに賛同したのは、①YCCという枠組みの持続性への懸念、②国債市場の機能低下が、グリーンボンドを含む社債の発行環境に悪影響を与えている現状に対する懸念を強めている日銀の事務方が黒田総裁の重い腰を上げさせるために、粘り強く説明を行った成果だと判断されます。

YCCの本格的な骨抜きがキックオフ

日銀は2023年7月27日・28日に開催した金融政策決定会合において、「YCCの運用の柔軟化」を賛成8反対1で決定しました。日銀の対外公表文は「わが国の物価情勢を展望すると、賃金の上昇を伴う形で、2％の『物価安定の目標』の持続的・安定的な実現を見通せる状況には至っておらず、『長短金利操作付き量的・質的金融緩和』のもとで、粘り強く金融緩和を継続する必要がある。そうした中、経済・物価を巡る不確実性がきわめて高いことに鑑みると、長短金利操作の運用を柔軟化し、上下双方向のリスクに機動的に対応していくことで、この枠組みによる金融緩和の持続性を高めることが適当である」と明記しています。

ただ、長短金利操作の運用については「長期金利の変動幅は『±0・5％程度』を目途とし、長短金利操作について、より柔軟に運用する。10年物国債金利について1・0％の利回りでの指値オペを、明らかに応札が見込まれない場合を除き、毎営業日、実施する。上記の金融市場調節方針と整合的なイールドカーブの形成を促すため、大規模な国債買入れを継続するとともに、各年限において、機動的に、買入れ額の増額や指値オペ、共通担保資金供給オペなどを実施する」とされ、長期金利（10年物国債金利の上限）は0・5％を目途とした上で、市場動向に応じて0・5％を一定程度超えることを容認することを決定しました。

2023年7月の政策修正のインプリケーション

植田日銀の政策修正を読み解くと、以下のようにまとめられるでしょう。

① 「ビハインド・ザ・カーブに陥っている」ことを認めたこと。

② 「不確実性が高いから、政策修正を慎重に判断する」という論理展開を柱とする植田総裁の

情報発信に対して、物価高に不満を高める国民の声を受けて、政治サイドが苛立ちをみせたことに対応して、政策修正に極めて消極的という印象を改める必要に迫られた。

③　円安ドル高が加速すれば、日銀の楽観的な物価見通しの実現性がさらに低下する現実に対応する必要に迫られた。

④　主要中央銀行は、「パンデミック、気候変動、国際紛争」という供給ショック（外的要因）によるインフレ圧力に加え、構造的な人手不足感（内生要因）による賃金インフレ圧力に直面する中、日銀も「輸入物価上昇に起因する一過性のインフレに過ぎない」とは言いにくくなり、金融政策の自由度を高めるべきとの雰囲気が日銀内でも醸成されてきた。

2023年7月の政策修正のメリットを挙げると、以下の通りです。

- YCCの枠組みを長持ちさせることで、金融緩和を継続する。
- 「連続指し値オペ」の水準を0・5％から1・0％の水準に引き上げることで、長期国債買入れ額の膨らむペースを鈍化させる。
- 物価高が長引く中で金融緩和を継続するため、長期金利上昇を容認することで、円高ドル安圧力を緩和する。
- YCCを骨抜きにすることで、金融政策の正常化を進める道筋を付けた。

YCCを骨抜きにしつつ枠組みは維持

2023年10月30日・31日に開催された金融政策決定会合では「YCCの運用のさらなる柔軟化」を賛成8反対1で決定しました。この「YCCの再修正」は、それまで長期金利（10年物国債金利）の事実上の「上限」としていた1％を「目途」として、長期金利が一定程度超えることを容認するものの、テクニカルな修正にとどめました。

植田総裁の定例記者会見では、「経済・物価情勢の不確実性が極めて高い状況の中で、政策運営の柔軟性を高めておくことが適当。長期金利を1％以下に強く抑え込んだ場合に（市場機能低下などの）副作用も大きくなりうる」とコメントしました。2023年10月の「展望レポート」では、コアCPIの前年比上昇率は、2023年度、2024年度とも3％近い見通しに上方修正されました。

日銀が2022年12月、2023年の7月と10月の金融政策決定会合で政策修正に踏み切ったことは、インフレ圧力が高まる局面では、中央銀行は長期金利をコントロールできないことを明らかにしました。2023年10月30日・31日の「主な意見」をみると、金融政策の正常化に前向きなメンバーも消極的なメンバーも、YCCの運用の柔軟化を進めても、YCCの枠組みは維持すべきであることで合意形成があると読み取れます。ただ、YCCの柔軟化（厳格なYCCの運用の骨抜き）という方向性は適切ですが、オペ運営で過度な国債市場への介入をすれば、「国債イールドカーブの形成を国債市場に委ねる」姿勢に逆行します。

QQE＋YCCを導入した当時の見解に戻るべき

日銀がQQE＋YCCを導入した際の対外公表文「金融緩和強化のための新しい枠組み：『長短金利操作付き量的・質的金融緩和』」の6ページ目の最後にある「示唆される政策の方向性」というパートでは、「(4)イールドカーブの適切な形成を促すにあたっては、①貸出・社債金利への波及、②経済への影響、③金融機能への影響など、経済・物価・金融情勢を踏まえて判断することが適当である」と明記されています。

イールドカーブ・コントロールという金融政策の枠組みは本来、「経済・物価・金融環境の変化」に応じて柔軟に運営することで、金融緩和効果を発揮するものです。日銀は、「量的・質的金融緩和(QQE＋YCC)」を導入した当時の考え方に戻るべきだと思います。

黒田前総裁の10年間の暫定的評価

黒田前総裁は2023年3月10日、日銀総裁として最後の定例記者会見で「10年間の金融緩和は成功であった」「緩和の効果は副作用をはるかに上回る」など、最後まで強気でした。黒田前総裁の10年間の異次元緩和の問題点として以下の点を指摘できます。

- 債券市場の流動性・市場機能への関心が薄く、為替チャネルにこだわり過ぎた。
- 日銀の国債保有残高はなかなか減少しないと見込まれ、国債市場の機能回復には時間を要する。

●政策コスト（巨額な長期国債保有等）に比べ、成果（物価の安定、経済を持続的な回復軌道に乗せる）は小さい。また、資産インフレによる格差拡大、円安進行によるコストプッシュ・インフレを醸成。

●新日銀法は「日本銀行は、通貨及び金融の調節を行うに当たっては、物価の安定を図ることを通じて国民経済の健全な発展に資することをもって、その理念とする」（第2条）とされているように、植田総裁率いる新体制が目指すべき目標は、持続的な景気回復と「物価の安定」。ただ、過去の体制と異なる点は、金融政策運営の自由度が極めて小さく、10年間の異次元緩和の後始末に向けた方向感を示す重責を担う。

●2008年のグローバル金融危機以降、主要中央銀行は様々な非伝統的政策を導入し、試行錯誤しながら金融緩和を行った。一方で、黒田前総裁の10年間、日銀は頑なに「量的・質的金融緩和」政策を継続した。異次元緩和と呼ばれる枠組みは政策コストが高く、特に2016年9月21日に導入したYCCは、同年1月29日導入のマイナス金利の「失敗」を取り繕うため苦し紛れに導入したもので、出口が最も面倒な枠組みであり、現在まで苦しいオペ運営が続いている。

●長短金利操作付き量的・質的金融緩和（QQE＋YCC）という枠組みが導入当初に上手く機能しているように見えた理由は、①低インフレの長期化、②インフレ期待の低さ、③欧米主要

図表4-2　国債の発行残高と日銀総裁退任時の日銀の国債保有残高

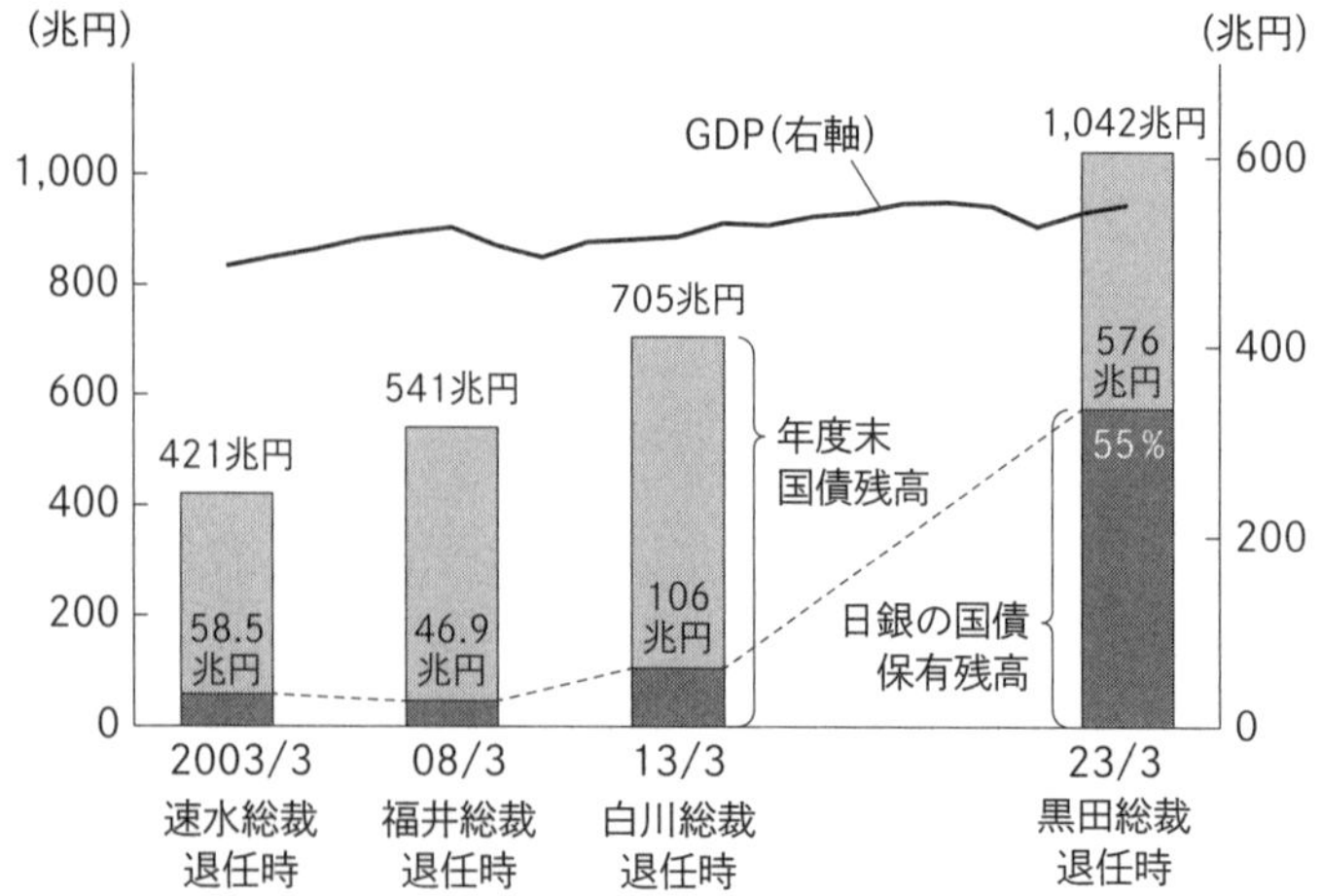

（注1）日銀の国債保有残高は、総裁退任時に最も近い公表日の残高。
（注2）国債発行残高は年度末ベース。
（出所）財務省、日本銀行、筆者作成。

中銀が低金利政策を継続したことで、日本の長期金利に大きな上昇圧力がかからない局面であったためである。

反対に、現在のようにインフレ圧力が高まってくると、国債イールドカーブ全体に金利上昇圧力がかかるため、長期国債買入れを大幅増額する必要が出てくる。日銀が「均衡イールドカーブ」理論に基づく「最適なイールドカーブ」の形状を提示しなかったことで、国債イールドカーブの各年限の上限は認知されなかった。国債買入れオペが継続されたが、物価上昇圧力が強まると、長期金利をコントロールすることはできなかった。

場当たり的な異次元緩和の枠組み修正

黒田体制の日銀が打ち出した異次元緩和は、時間の経過に伴い、①金融面の不均衡、②地域金融機関の経営悪化、③財政規律の低下、④国債市場の機能低下など、様々な副作用を醸成しました。異次元緩和は、２０１３年４月４日にスタートした後、期待通りの成果が出ず、資産買入れを柱とする異次元緩和の限界を説く市場参加者に反論するために、以下の通り、何回も追加の政策修正が行われました。

①　量的・質的金融緩和（ＱＱＥ）の拡大（２０１４年10月31日）
②　ＱＱＥを補完するための諸措置（長期国債買入れの平均残存期間の長期化等、２０１５年12月18日）
③　マイナス金利政策の導入（２０１６年１月29日）
④　イールドカーブ・コントロールの導入（ＱＱＥ＋ＹＣＣ、２０１６年９月21日）
⑤　長期金利変動幅のワイドバンド化（２０１８年７月31日）
⑥　「ＹＣＣの運用の見直し」（２０２２年12月20日）
⑦　「ＹＣＣの運用の柔軟化」（２０２３年７月28日）
⑧　「ＹＣＣの運用のさらなる柔軟化」（２０２３年10月31日）

［6］社会の分断——所得格差と地域格差の拡大

「有事対応」から「平時対応」の金融政策に戻すタイミング

岸田政権は、「デフレ完全脱却のための総合経済対策」をまとめました。国民が物価高で悲鳴をあげる中で、日銀が超低金利政策と国債買入れを継続すれば、「物価の安定」というマンデートを達成できず、資産インフレ（悪いインフレ）を誘発し、所得格差が拡大するリスクが高まります。日本が直面する問題は、エネルギー価格上昇など「供給ショック」、人手不足など供給制約、インフレ懸念が強い中で、単純な需要喚起策を採用すると、総需要曲線を右にシフトさせ、「火に油を注ぐ」ことになりかねません。

2023年5月の経済再開（リオープニング）以降、日本経済は緩やかな回復局面にあるため、金融政策は「平時対応」モードに戻すことを考えるタイミングです。「金融政策の正常化」が遅れすぎると、想定外の金融危機などに金融政策が対応できなくなってしまいます。

「期待に働きかける金融政策」の脆弱性・限界

イールドカーブ・コントロールという枠組みは、「大規模緩和を継続するための国債買入れである」という日銀のコミュニケーションに説得力を持たせ、現行の金融政策と財政政策のポリシーミックスを継続するために、有効な政策ツールです。ただ、以下のようなリスクを抱えていると言えます。

① 国債市場の流動性や市場機能は著しく低下しており、現行の国債買入れは過大であること。
② 市場参加者が「財政の持続可能性」あるいは「債務の持続可能性」に疑問を持った場合、日銀の国債買入れは財政ファイナンスと解釈されること。
③ 「日銀はインフレ目標を達成しているにもかかわらず、放漫財政を下支えするために、物価高で家計を犠牲にしても金融緩和を継続している」と解釈されると、国民の信頼を失い、「期待に働きかける金融政策」が行き詰まること。

欧米主要中銀は、2022年に非伝統的金融政策から卒業しました。2023年春にミニ金融危機が発生してもインフレ抑制を最優先して金融引締めを継続しました。日銀も、然るべきタイミングで、「有事対応」から「平時対応」の金融政策に戻すべきという問題意識は必要です。もっとも、非伝統的金融緩和の柱である各種の資産買い入れで肥大した日銀のバランスシートを、2013年4月に導入した異次元緩和の前の規模に戻すことは現実的ではありません。

▼第4章のまとめ

アベノミクスと異次元緩和の開始から11年近くを経過しました。第二次安倍政権は、「大胆な金融政策」「機動的な財政政策」「民間投資を喚起する成長戦略」というアベノミクスの「3本の矢」を掲げました。当初は、株価、円ドル相場、GDP成長率、企業業績、雇用、女性の労働参加率が改善するなど、一定の成果はみえたものの、インフレ期待や名目賃金の引上げにはつながらず、少子高齢化や政府債務残高の拡大など、構造問題の解決には力不足でした。かつて、「デフレからの脱却が、日本経済の最大の課題である」と言われましたが、単に、物価を上げれば、問題が解決されるわけではないことが判明しました。異次元緩和をダラダラと続けると、多くの識者が指摘する副作用が大きくなります。パンデミックを克服し、需給ギャップがほぼゼロとなる中、「平時」の金融政策に戻し、金利機能を活かした構造改革によって企業の新陳代謝や生産性上昇を目指すべきです。特に、パンデミック後、財政余力が低下しました。

筆者は、「債務の持続可能性」が懸念される状況というほど悲観的ではありませんが、日本のソブリン格付けがさらに引き下げられると、邦銀のみならず、日本の事業会社の外貨調達においてコストとボリュームの両面から厳しくなります。異常気象が続き、首都直下型地震など国家的な危機が発生した場合、その復興関連支出の捻出に伴う国債発行コストが高くなるリスクがあります。

第5章

財政の持続可能性を脅かす「政策の割当て」

The Compound Inflation

[1] パンデミックによる政府債務残高の増加

日本の政府債務残高の対名目GDP比率はG7で最悪

「金融政策と財政政策のポリシーミックス」を考えた場合、本来は「政策割当論」として、どういった金融政策や財政政策が適切か、という議論がなされるべきです。需給ギャップがマイナスの局面では、日銀は「緩和的な金融環境」の維持に努める一方で、政府はガソリン、小麦等、電気・ガス料金など対象を絞った価格高騰抑制策という「ミクロ政策対応」を担うという「政策割当論」が適切と考えている節があります。しかし、デフレでもインフレでも、財政支出が増える政策は適切ではありません。

日銀による国債買入れは金融緩和の効果を高めるための措置ですが、日銀の長期国債保有残高は、国債発行残高に占める比率が50%を超える状況が常態化しており、国債市場が機能不全に陥っています。事実上、「財政ファイナンス」の色彩が強まっている印象です。2008年のグローバル金融危機以降、緩和的な金融環境下で世界の債務残高は増加傾向にあります。パンデミックは、債務状況をさらに悪化させました。IMFの2022年の政府債務残高の名目GDP比の国別ランキングをみると、日本261・3%と、圧倒的な1位です。

図表5-1　債務残高の国際比較（対GDP比）

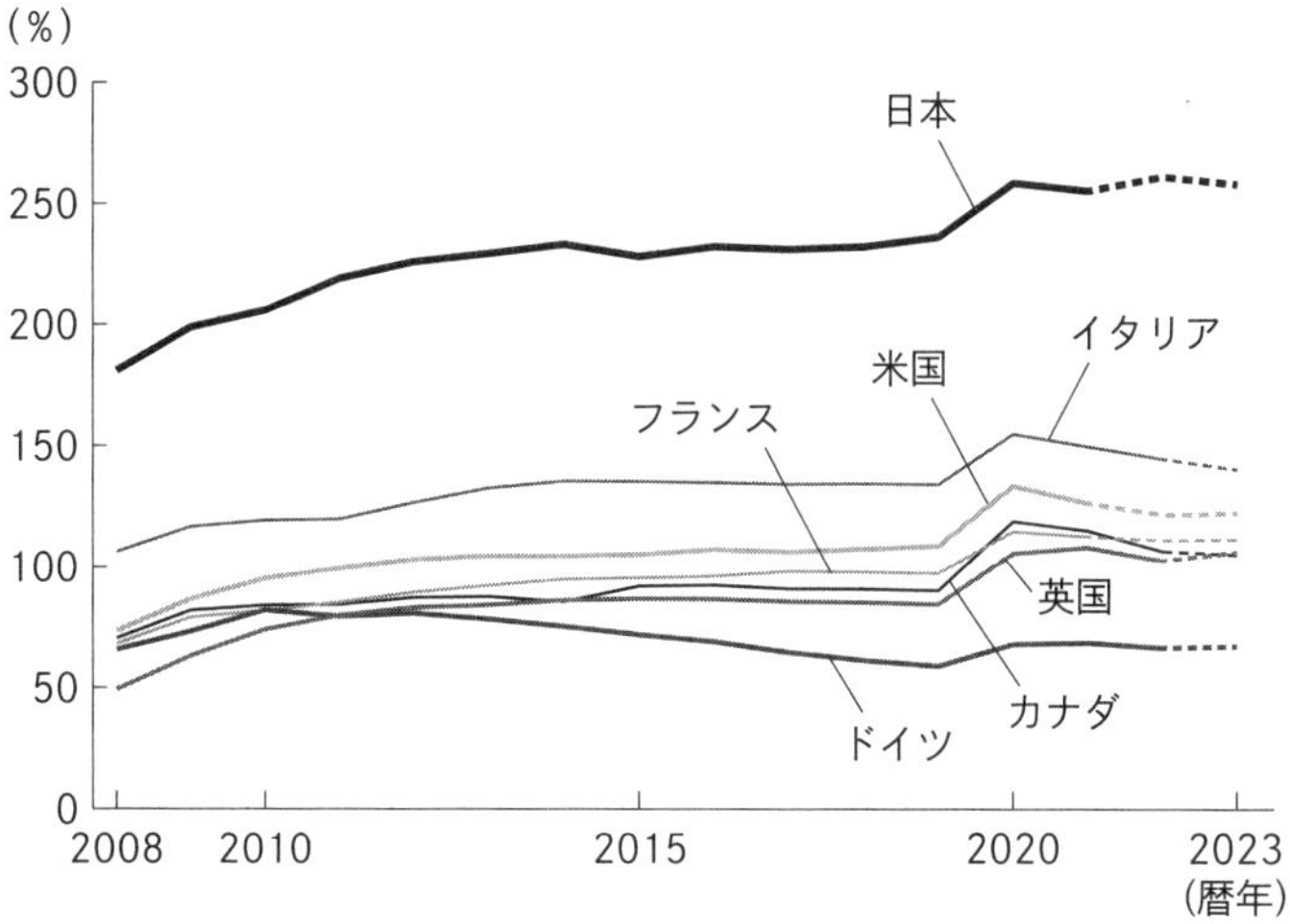

（注1）数値は一般政府（中央政府，地方政府，社会保障基金を合わせたもの）ベース。
（注2）日本，米国及びフランスは，2022年及び2023年が推計値。それ以外の国は，2023年が推計値。
（出所）IMF "World Economic Outlook"（2023年4月），財務省

ＩＭＦは２０２３年４月公表の「財政モニター」で、日本の政府債務残高は２０２３年に２５８・２％、２０２８年には２６４・０％と突出して高い状態が続くと予想しています。政府が２０２３年12月22日に決定した２０２４年度予算ベースでは、２０２４年度末の普通国債発行額は１１０５・４兆円（２０２３年度当初予算ベース１０６８・０兆円）、普通国債の名目ＧＤＰ比は１７９・６％（同１７８・７％）と公表されました。

日本のソブリン格付けは、大相撲でいう徳俵

政府債務残高は、危機が発生すると急増します。２００８年のグローバル

金融危機の影響は多大でしたが、パンデミックはそれよりもずっと大きな危機であり、米国をはじめ多くの主要国で大規模な財政刺激策と金融緩和を組み合わせる「高圧経済アプローチ」が採用されたことで、世界的な不況に陥ることは回避できました。

海外の格付け会社が日本のソブリン格付けを引き下げるかどうかのチェックポイントは、日本の国・地方の「財政の持続可能性」と推察されます。パンデミック後の経済再開のパンチ力がなく、個人消費が低迷している主な理由として、次のことが考えられます。

①政府債務残高のGDP比が250％超となっても、政府がバラマキ財政を行っているため、国民や企業のあいだに漠然とした将来不安があること。②政府が企業倒産や失業者数の増加を過度に警戒する結果、企業の新陳代謝が進まず、生産性の上昇が期待薄なこと、などです。

ソブリンリスクを回避するためには、かつてのように財政の健全化目標を掲げ、メリハリがある財政支出（ワイズスペンディング）を行うことからスタートすべきです。財政政策運営が適切な方向に向かえば、日銀の金融政策の自由度が高まり、金利機能が働きます。その結果、金利機能が働けば、①「資金の流れ」が変化する（第6章で議論）、②マクロ政策の役割分担が適正化する（第5章）、③企業の新陳代謝が進む（第6章）、ことになります。

ただ、企業の優勝劣敗が明確になり、労働市場の流動化に伴う局所的な失業（雇用のミスマッチ解消までの期間にとどまる）が発生するため、政府は覚悟を問われることになります。

歳出圧力をパンデミック前の水準に戻す努力が重要

政府は2023年12月22日、一般会計総額112兆717億円の2024年度予算案を決定しました。一般歳出は67兆2764億円と、2023年度当初予算の72兆7317億円から5兆4554億円減額されましたが、予備費を4兆円減額した影響が大きく、財政再建に踏み込めていません（一般歳出は、一般会計総額から国債の返済や利払いに充てる「国債費」を除いたもの）。

ポスト・パンデミックの局面にあるため、本来ならば金融政策の正常化に加え、ワイズスペンディングによって財政政策を平時に戻し、「財政の持続可能性」に対する不安を払拭しないと、当該国は短期的にはインフレリスク、中長期的には過剰債務によるデフレリスクに直面する可能性があります。

米国経済は頑健さをみせ、ソフトランディングに成功する期待が高まり、Fedは2024年2月現在、政策金利を5・25～5・50％の水準で維持することで、インフレ率を2％の目標にリアンカリングすることを目指す状況です。米連邦政府の債務負担は、米財務省証券が安全資産であるとの強い信頼感もあり、今回の金利サイクルでの利上げ打ち止め感が出た後、一時5％超まで急上昇した米財務省証券10年債利回りが2024年12月には4％割れの水準まで低下しました。

ユーロ圏は、資源インフレの沈静化に時間を要し、盟主のドイツが景気後退に陥るリスクが懸念されていますが、財政の健全性を維持してきたことで、ソブリンの信用格付けは維持されると予想されます。

[2] 医療、教育、国防、社会インフラ、人口動態は「広義の安全保障政策」

パンデミックを契機に、様々な問題が表面化

医療、教育、国防、社会インフラ(電力の安定供給、土砂災害・水害に備えた環境対策)、人口動態、への政策対応は、「安全保障」の根幹です。パンデミックによって、①岸田政権が台湾有事を掲げるにもかかわらず、日本企業の大半は防衛産業から撤退したことや円安加速や防衛装備品の値上がりを受けて、戦争抑止力が低下、②地域経済における感染症の専門医の配分の悪さによるコロナ患者の受入れの遅れ、③出生者数の減少や介護人材の減少、④社会インフラの老朽化による水害など異常気象の頻発を受けた災害復旧コスト急増、⑤マスク、コロナワクチン、コロナ治療薬の国内生産の遅れなど医療資源の輸入依存度の上昇など、日本政府が「広義の安全保障政策」に関する対応を軽視してきたツケが一気に表面化しました。パンデミック対応で財政余力が低下し、「財政の持続可能性」が懸念される中、日銀の金融政策の自由度はさらに低下しました。

2024年元日に発生した能登半島地震は大変不幸な出来事です。今回の能登半島地震の発生は、以下のような教訓を突き付けました。

●老朽化したインフラの修繕。道路・河川・橋・ダム・港湾・トンネル・学校・公営住宅など修繕・補修は、人手不足や地方自治体の予算制約から全国各地で遅れており、地震や土砂災害・浸水など災害時の被害を大きくする（物流網・供給網が寸断され、地方経済の復旧に時間を要する。老朽化したインフラの修繕の遅れは、被害を甚大化させる一因）。
●地震の多い日本の地理的ハンディに即したエネルギー政策の点検（特に原子力政策のあり方）。
●地方自治体が行政サービスの提供を継続するための国土計画の見直し（コンパクトシティ構想を加速化させ、最寄り駅周辺に病院、学校、スーパーマーケット、市役所を集約し、住民の移住を促進することも検討課題）。
●医療・介護・教育などエッセンシャルワーカーと言われる人材を地域経済で確保することは困難（外国人労働者の受入れ増加、飲食・宿泊業におけるロボットの活用、兼業の拡大など働き方改革、などの議論は避けては通れない）。

第2章で詳しく述べたように、毎年、国土強靭化、インフラ整備に数兆円の公共投資が使われています。気候変動に伴う異常気象の頻度も増える一方だと思います。また、日本海側は地震が少ないと言われていた中、能登半島地震が発生したことで、エネルギー政策における原子力発電の位置づけを見直す、あるいは国民に政府の考え方をしっかりと説明する機会にすべきだと思います。

▩パンデミック後、財政歳出の抑制が進捗していない

イギリスのトラス前政権が2022年9月23日、エネルギー価格高対策として大型減税を柱とする経済対策を公表後、英ポンド相場とギルト債が急落。パンデミックで財政余力がなくなったイギリスがエネルギー価格抑制のため、金融市場との対話を十分に行わずに、「財源論」が弱い大型減税策と物価高対策を打ち出した結果、世界の債券市場のボラティリティーを高める結果となりました。

日本は財政余力がなく、円安ドル高と国債イールドカーブのベア・スティープ化が同時進行する中、経済対策を取りまとめる方針です。その際、トラス政権の苦い経験を「他山の石」として、①ワイズスペンディングを心がける、②日本が直面する問題はエネルギー価格上昇や人手不足など供給制約であると理解する、③マンデルの「政策割当論」(後述参照)を踏まえるべきです。

[3] ソブリン格下げによる影響

仮に日本のソブリン格付けの引下げが現実のものになれば、ミクロ&マクロの両面で経済活動全体に大きな影響を与えます。

ミクロ面の影響

ミクロ面では、①エネルギー・原材料・食料等の調達難、外貨の調達コストの上昇、事業会社・金融機関の社債の発行コスト増加、海外投資家による日本国債売却といった「調達条件の悪化（コスト面）」、②海外企業取引減少、外貨建ての調達・運用・貸出の急激な縮小、財政支出・公的サービス支出の削減という「取引規模の縮減（量の面）」、③保有する円貨建ての有価証券の価格下落、などが指摘できます。日本のように、エネルギー・原材料・食料等を海外からの輸入に依存している国にとって、ドルの資金調達コストが高まることは、経済に大きな悪影響が出ます。

マクロ面の影響

マクロ面の影響として、持続的な円安・株安・長期金利上昇のリスク、経常収支の赤字化、潜在的なインフレ圧力、を指摘できます。ソブリン格付けが低下した場合、①事業活動や規模の急激な減少、②金融仲介機能の悪化、③財政余力の低下など、経済全体への深刻な影響、国力の低下につながります。人口動態的に日本の国内市場が縮小すると予想される中、海外ビジネスを拡大できないようでは、日本を代表する大企業の海外展開に悪影響が出るため、ソブリンリスクは深刻な問題です。先にも触れたように、政府は、国のバランスシートだけを考えていてはダメで、日本企業の海外における活動が落ちることのないように、政府債務残高をマネジメントする必要があります。この点は、民間企業にとっては極めて重要です。

一方で、世界の準備通貨としてのドルの地位は揺るぎなく、地政学的リスクや新興国の債務問題が懸念される中、米国経済や米議会の財政協議に対する疑念があっても、米国の借り入れを容易にしています（「ソブリンリスク」とは、国家の発行する債務の信用リスクを意味する。国家財政の持続性に対して深刻な懸念が生じた場合、ソブリンリスク危機に発展）。[15]

［4］パンデミック、気候変動は日本の構造問題を浮き彫りにした

中央銀行の判断ミス

パンデミック、ウクライナ戦争の発生後のマクロ環境は、伝統的な金融論では上手く説明できず、メインストリームの経済学界の議論をベースに金融政策運営を行ってきたＦｅｄも試行錯誤の政策運営を迫られました。「パンデミック、気候変動、国際紛争」という供給ショックに起因するインフレ圧力上昇は「一過性」であると見誤りました。日銀も、パンデミック、異常気象、中国のゼロコロナ政策によるグローバル・バリューチェーン（ＧＶＣ）の混乱、ウクライナ戦争による化石燃料価格の高騰、そして能登半島地震の発生に伴う供給網の寸断など、外的な供給ショックの根強さを過小評価しました。

日本の「不都合な真実」

まず、日本が置かれた以下のような国際的な競争力低下を認識して、どのように対応すべきかを考えることが重要でしょう。

●経済安全保障――コバンザメ作戦で乗り切る

地政学的観点に加え、経済安全保障の観点から、日本はコバンザメ作戦でいくしかないと思います。（原材料を含めると）日本の製造業のサプライチェーンにおいて、中国とアジアを抜きにして考えられません。再生可能エネルギー産業を育成する上でも、現時点では中国製部品は不可欠です。

●狙いをはっきりさせたエネルギー政策、GX経済移行債市場の発展

日本の製造業は自動車産業一辺倒に近く、５５０万人の雇用を創出している広義の自動車産業を重視したエネルギー政策を考えていく必要があります。

●日本の相対的国力低下は、「不都合な真実」の代表例

アジアの国際会議では、中国やシンガポールは日本への対抗意識が強く、日本はアジアにおいても大国ではありません。米ドルベースでみた一人当たりGDPをみると、日本は世界の25～30位という位置づけであり、さらなる円安ドル高進行は日本の国益に反します。

●インフレ耐性力の弱さ

中小企業庁の働きかけもあり、中小企業の価格転嫁は相当進捗しました。今後は、ある程度の金

利上昇に対する耐性力を高める方向に中小企業を指導していく必要があります。

●労働力不足は日本経済のボトルネック

人手不足（労働力不足）は日本経済のボトルネックになっています。米ドルベースでみた賃金を上げていかない限り、ハイテク産業における日本の技術労働者の海外（あるいは外資系企業）へのシフトがさらに進む可能性があります。観光地では、人手不足からインバウンド需要を十分に取り込めていない事例も少なくありません。

●多角化した産業構造を目指す必要性

米国は、「パンデミック、気候変動、国際紛争」という供給ショックの発生後、多角化した経済構造の強さをみせつけました。パンデミックでは、日本は医療品、食料、エネルギーなど国内自給率の低さがハンディキャップになりました。

●物価高対策の矛盾

日本は2022年以降、通貨当局が為替介入で時間を稼ぎつつ、日銀は大規模緩和を維持する一方で、政府は本来、期間、品目、支援対象者を絞った価格高騰抑制策（ミクロ政策対応）をとるべきでした。財政出動による「物価高対策」という「政策割当て」で乗り切ってきましたが、財政余力がない中、いつまでも財政支出による物価高対策は継続できません。気候変動対策としても矛盾しています。

●電力料金の構造的な上昇圧力

脱炭素化に伴う潜在的コストとして、①電力料金の上昇、②資源価格や食料品価格の高騰、③製造業の雇用削減などを指摘できますが、政府は、国民に対して十分な説明を行っていません。

●非伝統的金融政策からの卒業が遅れる日銀

2008年のグローバル金融危機後、非伝統的政策は主要中央銀行によって、金融危機対応として採用されました。日本では、途中からデフレ対応策との位置づけとなり、日銀のバランスシートは、資産買入れ増加によって拡大。欧米主要中銀は2022年に非伝統的政策から卒業する一方、日本は非伝統的金融政策から脱却できていません。

[5]「政策割当て」の議論が深まらない日本――マクロ政策の持続可能性

日本では伝統的に、金融政策、財政政策、構造政策、国債管理政策、通貨政策などマクロ政策の適切な役割分担を議論する「最適政策論」の議論が深まりません。為替政策は時間稼ぎに過ぎないと同時に、ドル売り介入の場合は必要原資である外貨準備の制約があるため、「マクロ政策の持続可能性および最適政策論」の議論が不可欠です。

マクロ政策の割当てが適切であるかどうかは、①日本のソブリンの信用格付けに悪影響がないか、②円安進行と超長期金利上昇の同時進行が回避されるかどうか、③適正なリスクフリー金利で構成される国債イールドカーブが形成されているか、で判断すべきでしょう。

日銀は、「物価の先行きについては、海外の経済・物価行動や資源価格の動向に加え、企業の賃金・価格設定行動など、不確実性はきわめて高い状況で、２％の『物価安定の目標』の持続的・安定的な達成が見通せる状況には至っていない」との立ち位置と思われ、金融政策の正常化に向けたロードマップを描き、市場参加者に示すことに抵抗感が強いと推察されます。２％の「物価安定の目標」を達成する千載一遇の機会を逃したくないという気持ちは理解できます。

ただ、①財政余力の低下、②円安進行による物価上昇圧力、③ウクライナ戦争の長期化観測によるエネルギー&食料品価格の上昇圧力、④ドル売り介入は（介入原資の制約があり）時間稼ぎに過ぎず、介入依存度を高めることに対する国際的な批判が強いことなどから、金融政策を正常化するプロセスの中で「最適政策論」の議論が深まってくる可能性があります。

パンデミック対応で財政余力が低下していることは主要国共通です。欧米主要国はパンデミック後、「的を絞った財政支出」に戻り、財政健全化に努める一方、日本は引き続き、財政規律に欠ける財政政策、「財政従属の金融政策」が継続しています。デフレでもインフレでも財政出動で対応する矛盾や限界が、２０２３年夏場以降の円の独歩安や長期金利上昇という形で顕在化したと判断されます。

［6］インフレ抑制は本来、中央銀行が比較優位にある政策目標

大規模・長期間の物価高対策の副作用

マンデルの「政策割当論」は、マクロ政策は比較優位にある政策目標を実現するように割り当てられるべきだと説きます。[16] インフレ抑制は本来、中央銀行が比較優位にある政策目標であるにもかかわらず、日本では現在、政府が物価高対策を担う一方で、日銀はデフレからの完全な脱却に向けて（長期金利安定など）大規模緩和の継続を期待されているようにみえます。

政府の物価高対策は本来、個別品目の価格上昇に対して期間限定かつ対象者を絞って行う「ミクロ政策対応」という位置づけです。今回はガソリン・電気・ガス・小麦など対象品目が広がり、期間も長くなっています。このままダラダラと現行の物価高対策を継続すると、財政赤字が膨らみ続けます。賢い支出路線への復帰が遅れると、長期金利に上昇圧力が強まります。

金融政策は、景気循環を平準化することはできても、景気全体を押し上げる力はありません。国民が物価高で悲鳴をあげる中で、日銀が長期国債買入れを継続すると、「物価の安定」というマンデートを達成できないだけでなく、資産インフレを誘発し、所得格差が拡大するリスクが高いと思われます。日本が直面する問題は、エネルギー価格上昇など「供給ショック」、人手不足など供給サイ

ドの制約です。インフレ懸念が強い中で、単純な需要喚起策を採用すると、かえってインフレ圧力を高めます。

日本は、ポスト・パンデミックのマクロ政策を誤ると、過度な円安ドル高の定着、財政健全化の遅れを映じたソブリン格付けの引下げなど、取り返しのつかない事態を招く恐れもあります。物価高対策に巨額の財政出動をすることは適切な「マクロ政策の割当て」ではありません。日本は財政余力がありません。インフレにもデフレにも財政出動で対応するようでは、財政余力はさらに低下し、ソブリン格付けが引き下げられるリスクが高まります。

日銀は、2013年4月4日、大量の国債を中心とする資産買入れでベースマネーを急増させるリフレ派のロジックを部分的に取り込んだ異次元緩和（いわゆる黒田バズーカ）を導入しましたが、流動性の罠に陥る中、「期待に働きかける金融政策」は期待した成果が得られませんでした。2022年に物価はついに上がりましたが、火付け役は、エネルギー価格など輸入物価に起因するインフレ圧力の上昇でした。

日銀は「供給ショックに起因するインフレ」は一過性であるという固定観念から、パンデミック後のインフレ圧力の抑制に向けた金融政策を行いませんでした。しかし、実体経済は、コストプッシュ型のインフレ圧力でも打撃を受けます。岸田内閣が閣議決定した「デフレ完全脱却のための総合経済対策」は、「デフレ脱却」と「物価高対策」が併存する国民に分かりにくい経済対策です。繰り返しになりますが、政府が物価高対策を担い、日銀がデフレ対応のため大規模緩和を継続する日本のユニークな「政策割当て」は適切な組み合わせとは言えません。

財政出動で「物価高対策」を行うことは逆効果

これまで繰り返し述べてきたように、日本経済が直面する問題は、エネルギー価格上昇など「供給ショック」、人手不足など供給制約です。この認識に立てば、インフレ懸念が強い中で、単純な需要喚起策を採用すると、総需要曲線を右側にシフトさせ、インフレ率を高めるリスクが高く、「火に油を注ぐ」ことになりかねません。この適切とは言えない日本の「政策割当て」の出発点は、グローバル金融危機（2008年）と、2013年にキックオフしたアベノミクスと思われます。

麻生太郎政権はグローバル金融危機後、大幅なマイナスの需給ギャップを穴埋めするため、15兆円（真水）の財政支出を発動。その後、第二次安倍政権は、アベノミクスを打ち出し、デフレ脱却に向けた「第一の矢」として金融政策を位置づけました。また、財政出動も行われましたが、消費税率が5％→10％に引き上げられた結果、財政政策は経済に中立的と言われています。アベノミクスの検証は必要でしょう。

エネルギー安定供給とグリーン成長戦略とのバランス

本来、エネルギー安定供給の観点から「物価高対策」としてガソリン補助金を総合経済対策に盛り込むのであれば、期間限定で、対象者を低所得者層にとどめた価格高騰抑制策（ミクロ政策対応）

とするべきです。また、緩和的な金融環境を継続しつつ、物価高対策の延長に向けて巨額の財政出動をすると、①財政インフレ圧力を高める、②化石燃料中心から再生可能エネルギーへの「エネルギー転換」に逆行する、③パンデミック対応で財政余力が低下する中、ワイズスペンディング（賢い支出）路線への復帰が遅れると、長期金利上昇圧力が高まる、④財政余力の回復を疎かにするとソブリン格付けの引下げリスクが高まることなどが考えられ、「最適政策論」の議論に反するポリシーミックスを見直すべきと思われます。

コストプッシュ型のインフレでも、その二次的影響、三次的影響によって実体経済は打撃を受けます。日銀は、過度にデフレ再燃リスクを警戒するよりも、「物価の安定」のマンデートを守らないと、国民から批判を受けるでしょう。岸田内閣が閣議決定した「デフレ完全脱却のための総合経済対策」は、「デフレ脱却」と「物価高対策」が併存する国民に分かりにくい経済対策ですが、それを正当化しているのが、植田総裁が就任当初に述べていた発言です。すなわち「供給ショックによるインフレは原油などエネルギー価格の上昇が止まれば、インフレはいずれ収まる。インフレ率が2％を割り込むリスクが排除できないため、金融政策の正常化を『待つコスト』は大きくない」というリスクマネジメント・アプローチです。しかし、輸入物価上昇に起因するインフレ圧力を放置した結果、個人消費が低迷しました。

パンデミック後、主要欧米中銀もリスクマネジメント・アプローチを採用していますが、欧米はインフレ圧力が再燃するリスクを警戒する一方で、日銀はデフレに戻るリスクを警戒するといった正反対のリスクシナリオに基づき政策運営を行っています。

［7］マクロ政策は供給制約によるボトルネックに対応すべき

■岸田政権の財政政策

岸田政権は2023年11月2日、「デフレ完全脱却のための総合経済対策」を閣議決定。新しい経済対策、事業規模37・4兆円、民間投資による寄与を除く財政支出規模21・8兆円、（一部の財政支出は2024年度当初予算に含まれるため）一般会計の補正予算は13・1兆円です。パンデミック前の水準と比べると、大規模な経済対策と言えます。

日本経済が直面する問題は、人手不足、雇用のミスマッチなど供給制約であり、需要不足ではありません。パンデミック対応で財政余力が低下する中、今回の総合経済対策の名称である「デフレ完全脱却のための総合経済対策」という大規模な経済対策を発動すれば、円安進行や物価高を誘発し、国債発行残高はさらに膨らみます。

また、ガソリンなど化石燃料補助金の継続は、脱炭素化に向けた政府の取組みと整合性がとれません。2023年2月10日に閣議決定した「GX実現に向けた基本方針」では、徹底した省エネの推進や再生可能エネルギーの「ベースロード電源化」に取り組むことが盛り込まれています。繰り返しになりますが、脱炭素化を推進する観点では、化石燃料補助金を減らして、再エネや水素を主力電源にするための革新的イノベーションに対する支援金を増額すべきでしょう。

一貫性のある日銀の「物価安定」の定義

日銀は、金融政策運営の節目において「物価安定」の概念的な定義を示してきました。日銀は、「物価の安定とは、家計や企業等の様々な経済主体が物価水準の変動に煩わされることなく、消費や投資などの経済活動にかかる意思決定を行うことができる状況」であると定義しており、その説明は一貫しています。具体的には、以下の対外公表文です。

① ゼロ金利政策を解除した2000年8月11日の金融政策決定会合の2カ月後の2000年10月13日の「『物価の安定』についての考え方」[17]
② 量的緩和を解除した2006年3月9日の「中長期の物価安定の理解」
③ 2012年2月14日の「中長期の物価安定の目途」
④ 2013年1月22日の「物価安定の目標」の導入[18]

2006年3月9日決定の「中長期的な物価安定の理解」では、「物価の安定は持続的な経済成長を実現するための不可欠の前提条件であり、日銀は適切な金融政策の運営を通じて『物価の安定』を達成することに責任を有している。その際、金融政策の効果が波及するには長い期間がかかること、また、様々なショックに伴う物価の短期的な変動をすべて吸収しようとすると経済の変動がかえって大きくなることから、十分長い先行きの経済・物価の動向を予測しながら、中長期的にみて『物価の安定』を実現するように努めている」と明記しています。その意味するところは、Ｆｅｄのパウエル議長が、「インフレとの闘い」に並々ならぬ決意表明した２０２２年8月のジャクソンホールの経済シンポジウムの基調講演のメッセージと同じです。

パウエル議長は、１９８９年4月のグリーンスパン議長の「物価安定」の概念的定義、すなわち、「物価の安定とは、平均的な物価水準の予想される変化が十分に小さくかつ緩やかで、企業や家計の意思決定において事実上認識されていない状況」("price stability means that expected changes in the average price level are small enough and gradual enough that they do not materially enter business and household financial decisions.")を引用。すなわち、日銀もＦｅｄも、最終目標は「物価の安定」であり、２％の「インフレ目標」ではありません。

▼第5章のまとめ

米国は、財政規律が維持されており、ソブリン（国）の信用格付けが高いため、低い調達コストで巨額な財政赤字のリファイナンスが可能です。一方で、財政余力が低下する中、政府がワイズスペンディング路線への復帰が遅れると、長期金利に上昇圧力が強まります。日本は、国力の低下、持続的な円安・株安・長期金利上昇のリスク、貿易収支の赤字化など、潜在的にソブリンリスクが高い国です。

「政策割当論」は、マクロ政策は比較優位にある政策目標を実現するように割り当てられるべきだと説きます。インフレ抑制は本来、中央銀行が比較優位にある政策目標ですが、日本では、政府が物価高対策に全力をあげる一方で、日銀はデフレからの完全な脱却に向けて大規模緩和の継続を期待されているようにみえます。インフレ懸念が強い中で、単純な需要喚起策を採用すると、「火に油を注ぐ」ことになりかねません。物価高対策に巨額の財政出動をすることは適切なマクロ政策の割当てではなく、「最適政策論」の議論を深めることが急務です。

第6章

企業行動の変容をウォッチする日銀

The Compound Inflation

［1］物価高対策の王道は、過度な円安進行の阻止

一般国民に分かりにくい日銀の説明

日銀は2023年4月以降、2%の「物価安定の目標」を持続的・安定的に達成するには距離があるというコミュニケーションを続けてきましたが、一般国民には分かりにくいものになっています。日銀も、「パンデミック、気候変動、国際紛争」という供給ショック（外生要因）に起因するインフレ圧力と、その二次的・三次的影響に直面。パンデミック後、人手不足感（内生要因）にも直面しました。

日銀には、まずは短期的な物価見通しの「精度」を上げる努力を期待したいところですが、先行きの金融政策の見通しを示すコミュニケーションは重要です。米国では、Fedが2014年9月17日、「政策正常化の原則と計画」（Policy Normalization Principles and Plans）[19]を公表しました。「金融政策の正常化」はそのプラン通りにいかなかったものの、「市場との対話」や「金融政策の透明性」の観点では有効でした。

2022年、2023年の日本のインフレ圧力上昇は、円安進行による輸入物価の押上げが起点でした。2023年末時点で円安ドル高は一服していますが、以下のように、日本の相対的国力の

低下、財政規律の低下が続く限り、潜在的な円安ドル高のリスクは払拭できません。

① 現在、外国人が日本株をロング（買い）にする際、円安進行のリスクをヘッジするため、円のショートポジション（先物売り）を増やしていると予想されます。これまでは、円安進行は株高要因と言われていましたが、半導体関連株高に牽引された日本株再評価の動きは、日本株高が円安を誘発するというパターンになりやすいと予想されます。

② 新NISAがスタートすると、日本の富裕層による外貨建て資産の買入れが増加し、円安ドル高要因になるでしょう。

③ 日本の国際収支を分析すると、一度海外に資金シフトしたマネーはなかなか日本に還流しなくなっており、国際収支的には円安ドル高が定着しやすくなっています。

右肩上がりのイールドカーブと適度な金利変動は資本主義の重要な社会インフラ

日本の国債市場は、米国の長期金利の動きに影響を受けつつも、金利先高観が強まっています。右肩上がりのイールドカーブと適度な金利変動は、資本主義の重要な社会インフラです。黒田前日銀総裁は、国債イールドカーブの過度なフラット化を招き、日本経済の活力を奪い、国債市場の流動性と市場機能の低下を招きました。植田体制の日銀は、YCCのフレームワークは維持しつつ、黒田体制下における厳格な「YCCの運用」を骨抜きにした点は評価できます。

日銀が国債発行残高の50％を超える規模を保有する状況は、あたかも国債市場には、国債を発行する財務省理財局と日銀しかいないことを意味します。失われた国債市場の機能回復には途方もない時間を要すると思われます。

［2］「金融政策の正常化」のロードマップ

金融緩和の継続

日銀の黒田前総裁は就任直後の２０１３年４月４日に異次元緩和を導入し、２％の「物価安定の目標」を持続的・安定的に達成するために、サプライズを厭わず、大胆な政策ツールを使って金融緩和を継続すると一貫したメッセージを送り続けました。一方で、植田総裁は２０２３年12月時点で、「２％の『物価安定の目標』を持続的・安定的に持続する確度は、少しずつ高まっているとみている」とコメントしていますが、金融緩和の継続に軸足をおいた状況を継続しています。

この背景は、①拡大した日銀のバランスシート、②万が一景気が下振れた場合の政策発動余地の低さ、③財源確保の見通しが立たない中で、子育て支援・防衛力強化など歳出拡大の継続、④財政余力がない中、国債発行コストが膨らみ、ソブリンの格付けリスクなど、いずれ必要になるものの大規模な金融緩和を縮小するタイミングを間違えたくないという気持ちが強いように思います。

短期政策金利を＋0・5％以上に引き上げるハードルは高い

植田総裁は、２０２３年４月の総裁就任以来、「不確実性が高いから、政策修正を見合わせる」というコミュニケーションを行ってきましたが、こうしたコミュニケーションは日銀が政策修正に極めて消極的という印象を強め、外為市場で円安進行を誘発しました。その後、長期金利の安定を重視するスタンスが、円安進行の一因になっていることを理解したためと思われますが、長期金利の上昇余地を広げる政策修正を行いました。２０２３年７月27日・28日の金融政策決定会合では「ＹＣＣの運用の柔軟化」、同年10月30日・31日の金融政策決定会合では「ＹＣＣの運用のさらなる柔軟化」を決定しました。

しかし、日銀による金融政策の正常化が、「マイナス金利政策を解除するかどうか」という段階でとどまった場合、「為替相場の安定」は難しいと思われます。仮に２％の「物価安定の目標」の持続的・安定的な達成が実現した場合、「金融政策の正常化」は、マイナス金利政策からの脱却では終わらず、短期政策金利をプラスの領域に引き上げ（まずは0～10ベーシスポイント程度か）、プラスの領域まで誘導することが自然です。ただ、今回の金利上昇局面では、短期政策金利をせいぜい０・５％～１・０％に引き上げる程度と予想されます。

まず、日銀は、国債買入れを段階的に縮小するオペ運営を目指すべきです。国債イールドカーブが緩やかにスティープ化（短期金利と長期金利の差が広がること）すれば、逆イールド（短期金利が長期金利を上回る状態）の米財務省証券市場よりも、日本国債市場に投資する妙味が出てくるため、円安ドル高圧力は緩和すると予想されます。国債の安定消化や金融機関の安定経営の観点では、マイナス金利政策から脱却し、小幅プラスの無担保コール翌日物金利に設定し、中短期セクターから国債市場を育成することが検討に値します。日銀は２００６年３月、コアＣＰＩの前年比上昇率が０％を３カ月連続で上回ったことで、（負債サイドに焦点を当てた）第一次量的緩和政策を解除、その翌月にはゼロ金利政策を解除、そして、２００７年２月に無担保コール翌日物金利の０・５％への引上げを実施しています。

インフレ目標達成時を念頭に金融政策の透明性を高めるべき

２０２３年７月28日に決定した「ＹＣＣの運用の柔軟化」は、実質金利の上昇圧力を弱めつつ、金融緩和の持続性を高めるための政策修正という位置づけです。ただ、金融政策の正常化を進めないと、当面の金融緩和の波及経路は《為替チャネル》ということになり、「日銀は円安進行を容認している」と投資家に誤解されるリスクがあります。

また、日銀は金融政策の自由度を広く維持したいと考えていると思われますが、円安進行による物価の上振れを誘発することは、「物価の安定」という日銀のマンデートに逆行します。為替政策は時間稼ぎに過ぎないと同時に、ドル売り介入の場合は必要原資である外貨準備の制約があります。円安圧力が持続する限り、日銀には政治的に「金融政策の正常化」に向けた動きが期待される状況が続きます。ただ、Ｆｅｄの追加利上げ観測が残り、米国要因によって日米金利差が縮小するとの期待が持てない場合、円安ドル高方向の圧力が持続します。

こうしたことから政治的圧力の有無にかかわらず、日銀は何らかの形で、「フォワードルッキングな政策運営を行う用意がある」とのシグナルを送らないと、円安圧力は持続すると予想されます。筆者は、2％の「物価安定の目標」を持続的・安定的に達成できた場合を念頭に、金融政策の予見性を高めるロードマップを示すことは日銀にとってもマイナスにならないと考えます。なお、ロードマップの横軸は「時間」である必要はなく、物価見通しに応じた短期政策金利の水準や金融政策の枠組みのメニューを提示するのも一案です。こうした環境を整えることで、市場参加者は「日銀の軸足がどこにあるか」についての理解が進みます。マーケットのプロならば、具体的な政策変更（政策修正）のタイミングについて、自分の経験知に基づいて予想することができます。

失敗を恐れず、金融政策のロードマップ提示を

2024年2月現在、日銀の植田総裁はハト派姿勢を基本的に崩していません。植田総裁は、物価見通しや賃上げ動向について、「不確実性がきわめて高い」というフレーズを頻繁に使います。この「不確実性が高いから、政策修正を慎重に判断する」という論理展開を柱とする情報発信が、2022年以降、日銀が政策修正に極めて消極的と解釈され、外為市場で円安進行を誘発しました。

経済に不確実性があることを前提として、先行きの様々な経済の経路ごとに社会厚生を考慮することが重要という考え方を「リスクマネジメント・アプローチ」と呼びますが、植田総裁は「追加

緩和余地が乏しい中、最悪の事態も想定しながら慎重な金融政策運営を継続すべきだ」と考えているため、植田総裁流の「危機管理学」的アプローチとも言えます。ただ、日銀が、2000年8月のゼロ金利政策の解除に踏み切った際に、金融市場や政府から信任を失った苦い経験を気にしているのであれば、杞憂です。根強い円安圧力や粘着的なインフレ圧力に直面する中、政策の自由度を高める努力を怠るべきではないと思います。

マイナス金利政策の解除は実務的な問題

マイナス金利政策の解除は、制度問題（実務的な問題）なので、2023年7月や10月のYCCの修正のように、曖昧な形でマーケットに事前に織り込ませる手法は馴染みません。また、FedとECBの利上げが一旦打ち止めになる蓋然性が高い中、日銀のマイナス金利政策解除の直後から「次の一手」を早速織り込まれて、金融市場が不安定化することも避けたいため、金利先高観のない2024年初頭が理想的なタイミングでした。

もちろん、「金融政策の正常化」の考え方やロードマップを丁寧に説明して、ゆっくりとしたペースで短期政策金利の引上げや日銀のバランスシートの縮小を行うコミュニケーションができればよいのですが、以下の点に留意すべきでしょう。

① マイナス金利政策の解除後、経済・物価・金融情勢が短期政策金利を複数回引き上げる展望

は現時点で描けない中、このタイミングを逃すと、マイナス金利政策の解除はＦｅｄの次の利上げ局面（２０２５年以降）までできなくなる可能性もあること。２０２３年末から２０２４年初にかけての国債利回りの急低下は、このリスクを意識している可能性もあります。

②　足元のインフレ圧力を受けて、個人消費の下振れリスクがあること。

③　岸田政権が「デフレの完全脱却のための総合経済対策」を取りまとめる中、政府によるデフレ脱却宣言は当面期待薄であること。

④　Ｆｅｄの利下げは２０２４年後半までずれ込む可能性があると予想されることから、日銀から「金融政策の正常化のロードマップ」が提示される可能性は低いと思われます。

全部青信号が灯るということも実際の経済ではない

植田総裁はこれまで、「マイナス金利政策の解除について、２％の『物価安定の目標』の持続的・安定的な達成を十分な確度をもって見通せる状況になれば」と述べてきました。「十分な確度」が、１００％なのか、70％なのか、50％なのか分かりませんが、結局、２％の「物価安定の目標」の持続的・安定的な達成できたかどうかは、日銀が（恣意的に）総合判断することになります。２０２４年１月の段階で「十分な確度」があると言うことは、植田総裁が相当なリスクをとることでした。

ただ、氷見野良三副総裁が２０２３年12月６日の記者会見でコメントしたように、「全部青信号が灯るということも実際の経済ではない」と考えれば、いくつかのエビデンスを示して、マイナス金利政策の解除だけに踏み切るためのコミュニケーションはできるように思います。マイナス金利政策の解除に向けて動き出す上で重要なポイントは、その達成が「十分な確度で見通せる状況」になったと、日銀が言えるだけのデータやエビデンスや分析結果を示すことができるかです。ただ、マイナス金利政策の解除は、最後は「トップの決めの問題」です。そこで、従来の対外的説明との整合性が取れない面はあるものの、実務的な観点からは、次のようなシナリオもありうると考えられます。

①　マイナス金利政策の解除は、副作用を軽減するための措置など、2％の「物価安定の目標」の持続的・安定的な達成の議論とは切り離して決定する。

②　マイナス金利政策の解除は、制度問題であり、いくつかの技術的な問題があるので、金融政策決定会合で、「短期金利をプラスの領域で推移させることに伴う論点を整理して次回会合までに政策委員会に報告する」という議長指示（植田総裁から日銀事務方への指示）を対外公表文に盛り込む。

③　実務を考えると、金融政策決定会合で、その直後の積み期間（16日〜翌月15日）からマイナス金利を解除する正式決定を行う。

できるときに、マイナス金利政策は解除すべき

ただ、日銀はマイナス金利政策の解除は、短期政策金利の引上げと同じと考えているようであり、副作用論によるマイナス金利政策の解除の可能性は低いと見込まれます。より本質なポイントは、マイナス金利政策を継続するメリット（市中金利の低位安定）よりも副作用が大きいとの認識が日銀の政策委員会で共有できているのであれば、「できるときに、マイナス金利政策を解除すべきだ」ということです。２０２３年末に円安ドル高が大きく修正される局面がありましたが、日本の国力低下や米国経済の懐の深さを考えると、特殊な政治状況を除いて、ドル相場の下落基調が続くことは予想されません。

　マイナス金利政策を解除して、日本において金利機能が曲りなりにも働く状況を作っておけば、米国の金利先高観や資産価格上昇からドル高に再び振れた際、市場メカニズムが働いて金利上昇圧力がかかれば、過度な円安に歯止めがかかりやすいと思われます。

マイナス金利解除は執行部の「決めの問題」

　２０２３年12月に入ってからの植田総裁を中心とする日銀のコミュニケーションをみると、11月頃に盛り上がったマイナス金利政策の解除に向けたモメンタムが後退したようにみえました。その後、２０２４年１月23日公表の「経済・物価情勢の展望（２０２４年１月）」では、「消費者物価の基調的な上昇率は、『物価安定の目標』に向けて徐々に高まっていくとみられる。先行きの不確実

性はなお高いものの、企業の賃金・価格設定行動の変化や賃金交渉に向けた労使のスタンス等を踏まえると、こうした見通しが実現する確度は、引き続き、少しずつ高まっていると考えられる」（傍点は筆者）と、新しい文章が盛り込まれるなど、マイナス金利政策の解除に向けたモメンタムが復活したようにみえます。

　市場参加者も、３月あるいは4月にマイナス金利政策の解除が決定されるとの期待感が高まりました。もっとも、１月22日・23日開催の金融政策決定会合における「主な意見」をみると、「物価安定目標の達成が現実味を帯びても来ているため、出口についての議論を本格化させていくことが必要」という見解がある一方で、「現時点では、『物価安定の目標』の持続的・安定的な実現を見通せる状況には至っておらず、イールドカーブ・コントロールのもとで、粘り強く金融緩和を継続する必要がある」という意見もみられており、ボードメンバー内でもそれなりに温度差があるようにみえます。

日銀の基本スタンスは、大規模金融緩和を粘り強く継続すること

　本書が出版される前後で、マイナス金利政策が解除される可能性はあります。２０２３年12月の金融政策決定会合でマイナス金利政策の解除に冷淡なコミュニケーションを行った日銀は、２０２４年１月の金融政策決定会合ではマイナス金利政策の解除に前向きと解釈できるコミュニケーションに変化しました。これは、前回12月の金融政策決定会合後の定例記者会見で、マイナス金

利解除を含む出口に向けた金融市場の期待が下がり過ぎたことを勘案して、出口に向けた期待感を多少高める意図にみえます。ただ、1月の定例記者会見を冷静に聞いてみると、植田総裁は2％の「物価安定の目標」が持続的・安定的に実現する「確度」が高まったと言っているものの、マイナス金利政策の解除という「政策ツール」に焦点を当てることはなく、また、政策修正の具体的なタイミングについて全くコメントしていません。

金融市場の習性は、①過去の情報よりも直近の情報を重視するため、情報の「上書き保存」が発生しやすい、②自分の見解に近いポリシーメーカーの情報発信に耳を傾ける傾向が強い、というものです。12月の金融政策決定会合後の植田総裁の定例記者会見における情報発信は、マイナス金利解除を期待するマーケット参加者にはゼロ回答である一方、1月の金融政策決定会合の一連の情報発信はマイナス金利解除を期待する市場参加者にとって「心地良く、勇気づけられる内容」でした。

［3］長期的な視点から金融政策を論じた内田副総裁

市場参加者の注目点

金融市場で注目されていた内田副総裁の2024年2月8日の講演は、景気回復力が弱く複雑さを増す金融政策を取り巻く環境を踏まえた内容でした。

講演内容をみると、①日銀の基本スタンスは、（経済・物価情勢を踏まえると）大規模金融緩和を粘り強く継続すること、②日銀が「金融政策の正常化」についてゆったりと構えていること、③日銀はマイナス金利政策の解除に踏み切っても、短期政策金利を大きく引き上げるつもりはないこと、が読み取れます。ボトムラインには、日銀は輸入物価上昇の価格転嫁によるインフレ圧力は減退しているとの理由から、大規模金融緩和の修正を焦っていないように思います。

内田副総裁は、マイナス金利政策の解除に関して、①解除するタイミング、②解除後の金融政策の枠組み、③当座預金の階層構造、について具体的に言及しておらず、1月の金融政策決定会合後の植田総裁の定例記者会見、1月の金融政策決定会合における「主な意見」を踏襲する内容でした。

金融市場は、各市場で反応はマチマチでした。外為市場は、日銀がマイナス金利政策の解除後、利上げを急いでいないという部分に注目し、ハト派的と解釈したため、ロンドン時間から円安ドル高が進行しました。株式市場はその後、大幅上昇に転じました。一方でインターバンク市場は、マイナス金利政策の解除は「時間の問題」と解釈し、実務的な問題を議論し始めました。

今回の内田副総裁の講演で、金融市場が注目したのは、以下の部分です。[20]

○日本銀行は、大規模緩和のかなり早い段階から、「デフレ経済から脱却していく過程では、人手確保の競争は激しくなるはずであり、環境変化を先取りした企業が優位性を確保できる」という趣旨のことを発信していました。

○この先、様々なデータや情報を丹念に点検し、賃金と物価の好循環を確認していきます。そして、それをベースに、２％目標の持続的・安定的な実現が見通せるようになれば、こうした大規模な金融緩和は役割を果たしたことになり、その修正を検討することになると考えています。なお、これまで10年以上にわたって大規模な緩和を続けてきましたので、政策修正のタイミングがいつになるにせよ、その前後で、金融市場に不連続な動きを生じさせることがないよう、コミュニケーション、オペレーションの両面で工夫していく必要があると考えています。

○経済・物価の現状と見通しを点検し、「消費者物価が、目標である２％の前後で推移するように、適切な金利水準にする」ということになります。これに基づく実際のパスは、もちろん、今後の経済・物価情勢次第ということになりますが、先ほどご説明した見通しを前提にすれば、仮にマイナス金利を解除しても、その後にどんどん利上げをしていくようなパスは考えにくく、緩和的な金融環境を維持していくことになると思います。

○私は、デフレ期のノルムというものは、「賃金や物価が上がらない」という現象に代表させて語られているけれども、その背後にある経済的・社会的・政治的な構造も含んだ複合的なものとして捉える必要があると考えています。すなわち、過当競争と慢性的な需要不足、労働需給の弱さと雇用への不安、さらには「それでも何とかやっていけるようにしていた」各種のセーフティネットなどです。中でも、「賃金を上げなくても人を雇えたこと」が決定的だったのではないかと思っています。この10年、デフレではない状況になったにもかかわらず、このノルムをなかなか解消できなかったのは、労働供給面の対応余地が残っていた中で、これが絞られ、本当の「人手不足経済」が実現するまでに、時間がかかったからだと思います。

○現在、海外発のコストプッシュがきっかけとはいえ、実際に賃金が上がり、今度こそ、日本経済が変わる素地が整ってきたと感じます。デフレ期の考え方や慣行から脱却し、賃金と物価が上がる経済、そしてそれが可能なビジネスモデルを企業が工夫し、それに成功した企業が働く人から選ばれることで、全体としても成長力が高まる経済、が実現できるチャンスが巡ってきています。この変化の動きをしっかりと支え、定着させていけるように、金融政策の運営においても、安定した、緩和的な金融環境を維持していきたいと思います。「金利のある世界」は、日本銀行が金利を上げることで実現するものではありません。経済と物価の状況が改善し、金利を上げることがふさわしい状況を実現してはじめて可能になるものです。

大きなパースペクティブで政策を考える

筆者が注目した、2月8日の内田副総裁の講演のハイライトは、「5．日本経済の転換点にあって」という章です。物価や金融政策が何かとクローズアップされていますが、もっと大きなパースペクティブ（視点）で考えることが必要であるとのメッセージが込められています。僭越ながら、筆者の今回の書籍の問題意識にも通じるものです。

[4] 金融政策決定会合の議論を読み解く

1月22日・23日開催の金融政策決定会合の「主な意見」

2024年1月の金融政策決定会合の「主な意見」における(物価)と(金融政策運営に関する議論)に関する見解を総合的に判断すると、マイナス金利政策の解除に前のめりになっておらず、「現在は大規模緩和を粘り強く続けることに尽きる」というメッセージのように解釈できます。そうであれば、日銀は、長めの時間軸で、マイナス金利政策の解除を含め、「金融政策の正常化」のタイミングを検討している蓋然性が高いと思います。

また、米国経済が想定以上に強く、Fedが景気後退リスクを意識して早期に利下げに踏み切る蓋然性は低下したことも、日銀が、今回の金利サイクルのどこかでマイナス金利政策を解除すれば良いと考える時間的猶予ができました。日銀とマーケットのコミュニケーションの難しさは、「賃金と物価の好循環」や「2%の『物価安定の目標』を持続的・安定的に実現する」という政策目標が、一つの経済指標に紐づけられておらず、日銀の(恣意的な)判断に委ねられている部分が多いことです。筆者は、日銀が異次元緩和の出口に向けて強い意思をもって邁進する可能性は低いように思います。

1月の金融政策決定会合の「主な意見」における（物価）と（金融政策運営に関する意見）をいくつか抜粋します（傍点は筆者、⇓以下は、筆者のコメント）。

（物価）

○「賃金と物価の好循環が強まり、基調的な物価上昇率が2％に向けて徐々に高まっていくという見通しが実現する確度は、引き続き、少しずつ高まっている」⇓ 公式見解に近い。

○「既往の輸入物価上昇の価格転嫁に伴う物価上昇圧力は、明確に和らいできている」⇓ ハト派の見解。

○「財価格の上昇率が今後もさらに下がっていく一方、サービス価格の上昇率は、春季労使交渉での賃上げに支えられて上がっていくとみられる。このため、全体として消費者物価は、どちらの影響が強く出るかによって変動しつつも、当面概ね2％前後で推移していくだろう」⇓ 物価の先行きに今一つ自信がもてない見解。

○「サービス価格の上昇を踏まえると、賃金上昇に伴う物価上昇圧力は高まりつつあるとみられるが、2％の『物価安定の目標』の達成が十分な確度をもって見通せる状況にまでは至っていない」 ⇓ ハト派の見解。

○「今春の労使間の賃金交渉の結果が、昨春の実績を上回る可能性が出てきており、賃金と物価の好循環の実現の機運が高まっている」

○「前回会合以降のデータ等をみると、①中小企業も含めて賃上げに期待が持てる、②人件費上昇を受けてサービス価格も高い伸びを続けている、ことから賃金と物価の好循環実現の確度は更に着実に高まったと捉えられる」⇒ 純粋にタカ派の見解。

○「賃金上昇分の転嫁には一部課題が残るものの、価格転嫁は一般的との受け止めが拡がっているほか、本年の賃金上昇率は昨年を上回る蓋然性が高い。不確実性はあるものの、『物価安定の目標』の実現が見通せる状況になってきた」⇒ ボードメンバーの平均的な見解。

（金融政策運営に関する意見）

○「現時点では、『物価安定の目標』の持続的・安定的な実現を見通せる状況には、なお至っておらず、イールドカーブ・コントロールのもとで、粘り強く金融緩和を継続する必要がある。この先、賃金と物価の好循環を確認し、目標の実現が見通せる状況に至れば、マイナス金利を含む大規模金融緩和策の継続の是非を検討していくことになると考えている」⇒ ハト派の代表的な見解。

○「2％の『物価安定の目標』を実現するためには、賃金が2％を明確に上回る状況が継続するとともに、賃金と物価の好循環が一段と強まっていくことが必要である」⇒ ハト派の代表的な見解。

○「今春の賃金改定は過去対比高めの水準で着地する蓋然性が高まっているほか、経済・物価情勢が全体として改善傾向にあることを踏まえると、マイナス金利解除を含めた政策修正の要件は満たされつつあると考えられる」 ⇓ タカ派の見解。

○「2%の『物価安定の目標』の持続的・安定的な実現の確からしさについて、具体的な経済指標を確認することで見極めていく段階に入ったと考えられる」 ⇓ 政策修正は慎重に進めるべきだとの見解。

○「2%の『物価安定の目標』の実現が十分な確度をもって見通せる状況ではないものの、物価安定目標の達成が現実味を帯びてきているため、出口についての議論を本格化させていくことが必要である」 ⇓ タカ派のメンバーのコメントと見込まれる。

○「政策変更のタイミングがどうなるにせよ、その前後で市場に不連続な動きを生じさせないよう、コミュニケーション、オペレーションの両面で工夫する必要がある。こうした観点からも、現段階から、マイナス金利やイールドカーブ・コントロールの枠組みの解除についての基本的な考え方を、各時点で可能な範囲で少しずつ、対外説明していくことは、有益である」 ⇓ 植田総裁によるコメントと思われる。

○「現時点での経済・物価見通しを前提とすると、先行きマイナス金利の解除等を実施したとしても、緩和的な金融環境は維持される可能性が高い」 ⇓ タカ派のメンバーのコメントと見込まれる。全体的に緩和的な金融環境が維持できるのであれば、国債市場の流動性・機能度に配慮した政策運営にシフトしていくべきである。

○「出口以降の金利パスについてあらかじめ見極めることは難しく、その時々の経済・物価・金融情勢に応じて考えていかざるを得ない」

○「どのような順番で政策変更を進めていくかはその時の経済・物価・金融情勢次第だが、副作用の大きいものから修正していくのが基本である」 ⇓ 副作用の最も大きい政策ツールはマイナス金利政策と見込まれる。

○「従来のきわめて強い金融緩和からの調整を検討していく重要な局面である。その際、イールドカーブ・コントロールやマイナス金利政策の在り方を議論するほか、オーバーシュート型コミットメントの検討も必要である」

○「ＥＴＦとＪ－ＲＥＩＴの買入れについては、大規模緩和の一環として実施してきたものであり、２％目標の持続的・安定的な実現が見通せるようになれば、買入れをやめるのが自然である」

○「２０２１年３月の買入れ方針の転換以降、買入れ額は非常に小さくなっており、買入れをやめても市況等への影響は大きくないと考えられる」

○「賃金上昇を伴う物価上昇を持続的なものにするには、コア事業強化による企業の稼ぐ力の向上と顧客満足度の向上のための人材価値を高める経営が必要であり、それらの進捗に注目したデータに基づいた判断が重要である」 ⇓ 中村豊明審議委員の見解と見込まれる。

○「経済・物価情勢に応じて、金融正常化の道のりをゆっくりと進めていくためには、金融正常化の第一歩であるマイナス金利の解除に、適切なタイミングで踏み切る必要がある。判断が遅れた場合、２％目標の実現を損なうリスクや急激な金融引き締めが必要となるリスクがある」⇒マイナス金利政策の解除はできるときにやっておくべきという建設的な見解。氷見野副総裁の考え方に近い内容。

○「海外の金融政策転換で政策の自由度が低下することもあり得る。現在は千載一遇の状況にあり、現行の政策を継続した場合、海外を中心とする次の回復局面まで副作用が継続する点も考慮に入れた政策判断が必要である」

植田総裁・内田副総裁・氷見野副総裁は、10年間の異次元緩和の副作用が目立ってきている中、「金融政策の正常化」を託されています。日銀には、ある程度のリスクを承知で正常化方向に金融政策をシフトさせ、間違ったと思えば緩和措置に踏み切ることができるほどの利上げ幅が必要です。例えば、短期政策金利を０・５％まで引き上げることができれば、将来、金融緩和が必要になった場合でも、伝統的な政策運営の枠組みで利下げが可能になります。

経団連、地銀協をはじめ、政策正常化を期待する声の広がり

日銀は２０２３年12月17日・18日に開催した金融政策決定会合の対外公表文で、「賃金の上昇を伴う形で、２％の『物価安定の目標』を持続的・安定的に実現することを目指していく」と述べています。植田総裁は、「賃金と物価の好循環」が必要という情報発信を続けており、「物価上昇⇒

賃金上昇」に加え、「賃金上昇 ⇓ 物価上昇」の両方が大事であると述べています。

また、植田総裁は翌週12月25日の経団連における講演で、①「2％の『物価安定の目標』を持続的・安定的に持続する確度は、少しずつ高まっているとみている」、②（賃金上昇が持続的であるためには）「物価上昇を反映した賃上げが実現するとともに、賃金上昇が販売価格に反映されていくのかを注視する」とコメントしています。経団連に所属する企業は、賃上げにも、販売価格引上げにも積極的になっています。日銀は、企業の賃金・価格設定行動の変化に気づいており、もう一押ししたいという気持ちは理解できます。

ただ、企業にとって部品・原材料の調達コスト、マークアップ率など価格戦略は最も重要かつ機微にふれる企業戦略です。中央銀行はマクロ経済学の観点からコメントすべきでしょう。なお、今回の講演の「メニューコスト」を使った説明は、経済学的には違和感があります。価格が変わらなかったのは、メニューコストが高くなったからでなく、数量を増やすことで収益拡大を実現できたためと見込まれます。なお、デフレ期でも販売価格は頻繁に動いていました。

この2日後、12月27日公開のNHKとのインタビューでは、記者から「日本は物価高と言われる状況が2年ほど続いています。家計の負担が増している声も多くある中で、日銀がどうして金融緩和を続けているのかという点についてご説明いただけますか？」という質問に対して、「ここ8か月、9か月、非常に苦労して説明してきた点です。おっしゃるように1年半くらい、インフレ率は日銀の目標としている2％を大幅に上回って推移していて、国民に大きな負担をかけたことは大きな問題だと認識しています。ただ、その主要な原因だった輸入物価上昇の価格転嫁はすでに峠を越えていて、インフレ率自体もピークを越えつつあると私ども認識しています。そのなかで、私どもが目指しているのは、賃金と物価が好循環しつつ、緩やかな2％くらいのインフレが持続していく姿です」とコメントしました。

ただ、多くの大企業は、2024年の春闘で前年を上回る賃上げに意欲をみせています。「賃金と物価の好循環」が発生するには、①持続的な生産性上昇や高付加価値化、②コスト上昇分を販売価格に転嫁できる企業の価格設定行動、③付加価値の上がった財・サービスに対して以前よりも高い価格を支払う家計（消費者）の「値上げ許容度」、が条件になると思います。

過去のトラウマにとらわれている日銀幹部

グローバリゼーションの巻き戻しという側面がある「パンデミック、気候変動、国際紛争」という供給ショックおよびその二次的・三次的影響を起点とする「複合インフレ」のもとで、日本においては、家計の負担増加、物価高による個人消費への影響が続いています。とりわけ2023年後半からインフレ圧力上昇によって個人消費の下振れが目立っています。

政府は「物価上昇に負けない賃上げ」を掲げ、中小企業の価格転嫁、最低賃金の引上げを進める方針、日銀は「賃金と物価の好循環」を掲げていますが、賃金は物価の動きに遅行します。日銀の現在の論理展開は、「第一の力」による物価上昇圧力が弱まってきたので、「第二の力」の動向をウォッチしているという整理になります。

2024年の春闘では、人材確保を目指す大企業による積極的な賃上げが予想されます。植田総裁の慎重なコミュニケーションは、大規模な金融緩和を縮小するタイミングを間違えたくないという思いから「金融政策の正常化」のハードルを上げているようにもみえます。ただ、日銀が「金融政策の正常化」を進めることに対して批判する声はもはや皆無と言える状況ではないかと思います。過去の政策修正の失敗のトラウマに過度にとらわれていると、「賃金ターゲット」を採用していると誤解されるリスクがあります。

ちなみに、「賃金ターゲット」を採用している主要中央銀行が存在しない理由は、①名目賃金は消費者物価よりも遅行する指標であること、②仮に大企業が大幅な賃上げ率を継続することができても、「平均的な名目賃金」に注目してしまうと、これに伴う物価上昇が貧困層や脆弱層をとりわけ強く痛めつけてしまうこと、です。マイナス金利政策は、金融機関を痛めつけるだけでなく、①金利機能が働かないと企業の新陳代謝が進みにくい、②新NISA導入に合わせ、円建て資産に個人マネーを流入させるため、国債市場の健全な価格機能の復活を急ぐ、という論点も重要です。

早期のマイナス金利政策の解除には、外圧が必要か

岸田政権は、「デフレの完全脱却宣言」を打ち出したい様子ですが、国民は物価高を警戒しており、むしろ国民の政権批判が高まるリスクがあります。筆者は、「円安加速阻止が物価高対策の王

道」と考えており、日銀がマイナス金利政策の解除を先行させて、政府が物価高対策として為替市場の安定が極めて重要であるというコミュニケーションをしたほうが、バランスがよいと思います。

日銀は、2%の「物価安定の目標」を持続的・安定的に実現することを目指しているというコミュニケーションを続けていますが、日銀が「物価の番人」としての役割を果たしていないと思っている国民は多いと思われます。2024年1月にマイナス金利解除ができずに終わり、4月下旬に補欠選挙が実施される予定の中、自民党を取り巻く政治環境は厳しくなっています。ただ、円安と株価上昇がスピード違反と言えるほどに進んでいます。金利正常化を粛々と進める用意があるというスタンスが適切と思われます。

マイナス金利政策の解除、デフレ脱却宣言、2%の「物価安定の目標」

国債市場では、日銀は2023年12月~2024年1月は、マイナス金利政策の解除に踏み切る絶好のタイミングと考えていました。その理由は、以下の通りです。

① 生活必需品の価格上昇を受けて個人消費は下振れているが、曲りなりにも緩やかな景気回復が続いていること(2023年12月短観は企業景況感の広範な改善を示唆)。

② 2%の「物価安定の目標」の持続的・安定的な実現に向けて着実に前進していること(「物価安定の目標」の達成の確度の高まり)。

③　米国の長期金利低下を受けて、国内市場では金利低下・株高・円相場反発となっており、「金融政策の正常化」による景気腰折れや金融市場の混乱は予想されないこと。
④　日銀の「金融政策の正常化」は政府や通貨当局の理解を得られやすいこと。
⑤　異次元緩和（ＱＱＥ）は本来、大規模な資産買入れと２％の「物価安定の目標」への強いコミットで人々のデフレ心理を払拭する「期待に働きかける」政策。マイナス金利政策の導入それ自体が、インフレ期待を表すブレークイーブン・インフレ率（ＢＥＩ）を低下させ、市中のインフレ期待を高めることを何よりも重視するＱＱＥの政策意図を裏切るという皮肉な現象が発生。マイナス金利政策は、債券市場の流動性と機能を低下させる副作用が残り、「金利形成を市場に委ねる方向性」という植田総裁の意図にも反している。なお、ＥＣＢは準備預金へのマイナス金利政策の導入が先で、その後に補完的効果を狙った量的緩和を実施。

日本は、欧米主要中央銀行に比べて、中央銀行が金融引締め方向で政府との対話を行う際、胆力が必要な国です。現在のようにマクロ政策の割当てが適切に行われていない局面では、政府との対話において以下のような主張をすることが効果的ではないかと思います。

①　財源の裏づけが曖昧で赤字国債増発に依存する経済対策を継続する中、国債買入れを継続すると、「円安進行と悪い金利上昇」の組合せが加速するリスクがある。

② 日銀の本来の役割は「物価の安定」である。「政策割当論」の観点でも、物価の安定は、政府よりも中央銀行が比較優位である。経済・物価・金融情勢に応じて適切な金融政策を行う必要がある。また、それが国益に合致する。

③ 国債市場は、資本主義の重要な社会インフラであり、「金融政策の財政従属」が長期間にわたって継続すると、金融市場を不安定化させる。長期間にわたってビハインド・ザ・カーブの金融政策運営を行うと、諸外国の長期金利上昇や為替相場の変動を通じて、他国の経済・物価情勢を不安定化させるリスクもある。

［5］中央銀行は長期金利をコントロールできない

金利機能の回復による企業の新陳代謝と生産性上昇

金利機能を働かせることで、経済に規律が生まれ、企業の新陳代謝、労働市場の流動化を促し、生産性の低い企業は人材確保が難しくなります。金利機能の回復は、「資金の流れ」を変化させ、（財務基盤が弱い企業に比べて）強い企業は資金調達が相対的に容易になります。こうした状況は、プラットフォーマー企業を育成する土壌を作ることにもつながるでしょう。「金融政策の正常化」の進捗は、資産運用立国に向けた最低限の必要条件でもあります。

黒田体制の日銀は、《金利チャネル》よりも《為替チャネル》を重視したと考えられます。繰り返しになりますが、異次元緩和は、国債イールドカーブの過度なフラット化を招き、国債市場の流動性と市場機能の低下を招きました。イールドカーブがスティープ化すれば、資産運用において日本国債が選択肢に入ってくるため、円建てのアセットで運用資金の適正な配分を考える価値が出てきます。

主要中央銀行は、パンデミック後、「リスクマネジメント・アプローチ」を採用しています。欧米は仮に供給ショックを起因とするインフレ圧力でも、インフレ期待を高め、資産インフレ圧力が高まることを警戒します。これに対して日銀は、デフレに戻るリスクを警戒するという正反対の考え方に基づく金融政策運営を行いました。円安ドル高、円安ユーロ高は、欧米主要国と日本の金利差拡大が主因という意見が多く聞かれますが、それに加えて、当該国の中央銀行が採用する「リスクマネジメント・アプローチ」におけるリスク分析のウエイトの置き方の相違も大きく影響していると思われます。日銀がマイナス金利政策の解除に動くだけでも、金利機能が復活し、経済の新陳代謝を促すと思います。

試される日銀の胆力

長短金利操作付き量的・質的金融緩和（「QQE＋YCC」）と言う枠組みは、アベノミクスとパンデミックで政府債務残高が膨らむ中、長期金利安定に寄与しました。一方で日銀は2022年終盤以降、「イールドカーブ・コントロール（ＹＣＣ）の運用の見直し（２０２２年12月20日）」、「ＹＣＣの運用の柔軟化（２０２３年７月28日）」、「ＹＣＣの運用のさらなる柔軟化（２０２３年10月31日）」と３回にわたって政策修正を行い、長期金利の誘導水準を見直しました。これらは、インフレ圧力が高まる局面では、中央銀行は長期金利をコントロールできないことを示唆しています。

マイナス金利政策とＹＣＣは、植田審議委員（当時）を含む日銀の第一次量的緩和期のボードメンバーが、「リスクマネジメント・アプローチ」から受け入れなかった政策ツールでありながら、黒田総裁が導入してしまったものです。植田総裁は、国債市場を混乱させずにＹＣＣの骨抜きを段階的に進めているようにみえます。

もっとも植田総裁は、①日銀の国債買入れは金融政策として行っており、財源の裏づけのない国債増発をファイナンスすると、円安進行の悪い金利上昇が加速する可能性がある、②日銀のマンデートは、「物価の安定」であり、２％の「物価安定の目標」の持続的・安定的な達成が実現すれば、マイナス金利政策の撤廃に続き、短期政策金利を適切な水準に引き上げる必要がある、③国債市場は、資本主義の重要な社会インフラである、といったことを政府に対して説得する胆力が問われています。

金融政策の枠組みのあるべき姿

国債市場の流動性が枯渇し、市場機能が低下している理由は、日銀の長期国債保有額が５９６・

7兆円（2024年2月29日現在）と、国の長期国債発行量の半分以上を保有しているためです。国債市場の市場機能の低下は、「市場の失敗」ではなく、「当局の失敗」、すなわち、長期間にわたる「日銀の金融政策運営の不手際」に起因します。日銀は、2％の「物価安定の目標」は達成できないまま、「賃金と物価の好循環」が必要という情報発信を続けています。

国債市場の機能を回復させるためには、日銀と国債発行当局が連携し、国債市場から退出してしまった市場参加者をもう一度、市場に呼び戻すために、国債市場を再度育成する必要があります。ポリシーミックスの議論は重要ですが、日本の国債市場の流動性を回復させるという観点では、金融政策と財政政策だけでなく、金融政策と国債管理政策の連携は不可欠です。事実上、日銀しかいなくなった国債市場の主役を、日銀から民間投資家にバトンタッチできる国債市場に戻すためには、相当な時間を要するとの理解を共有することが重要でしょう。

民間投資家のうち、バランスシートが拡大し、貸出先企業の半分以上が実質無借金企業になった預金取扱金融機関は、国債イールドカーブが全体的に緩やかなスティープ化した状況になれば、国債投資を再開するインセンティブが相対的に大きいと思われます。

[6]「金利のある世界」――金利機能が働けば、「資金の流れ」は変化

「複合インフレ」の継続

経済のグローバル化を前提としたディスインフレという「平和の配当」は、米中対立など「世界の分断」によって元には戻らなくなっていたところに、「パンデミック、気候変動、国際紛争」という供給ショックが重なりました。このコストプッシュ・インフレは持続性が高いと判断されます。構造的な人手不足（雇用のミスマッチ、高度人材の不足）という供給制約が日本の物価を押し上げており、景気循環に関係なく、インフレ圧力の上昇は一時的なものではありません。

「低成長・低インフレ・低金利」の経済構造からの卒業

「複合インフレ」は継続しています。供給要因を起点としつつも、複雑に絡み合ったインフレ圧力を従来型のマクロ政策で抑制することは容易ではありません。欧米主要中銀は、2022年以降、金融引締め（利上げ、国債買入れの縮小。イングランド銀行は保有国債の売却）を加速した後、過度な金融引締めによって景気後退に陥るリスクを警戒して、2023年夏場から小休止に入っています。ＦｅｄもＥＣＢも、今回のインフレ圧力は粘っこいと判断しており、筆者は欧米が２％のイ

図表6-1　日米欧の長期（10年）金利の推移

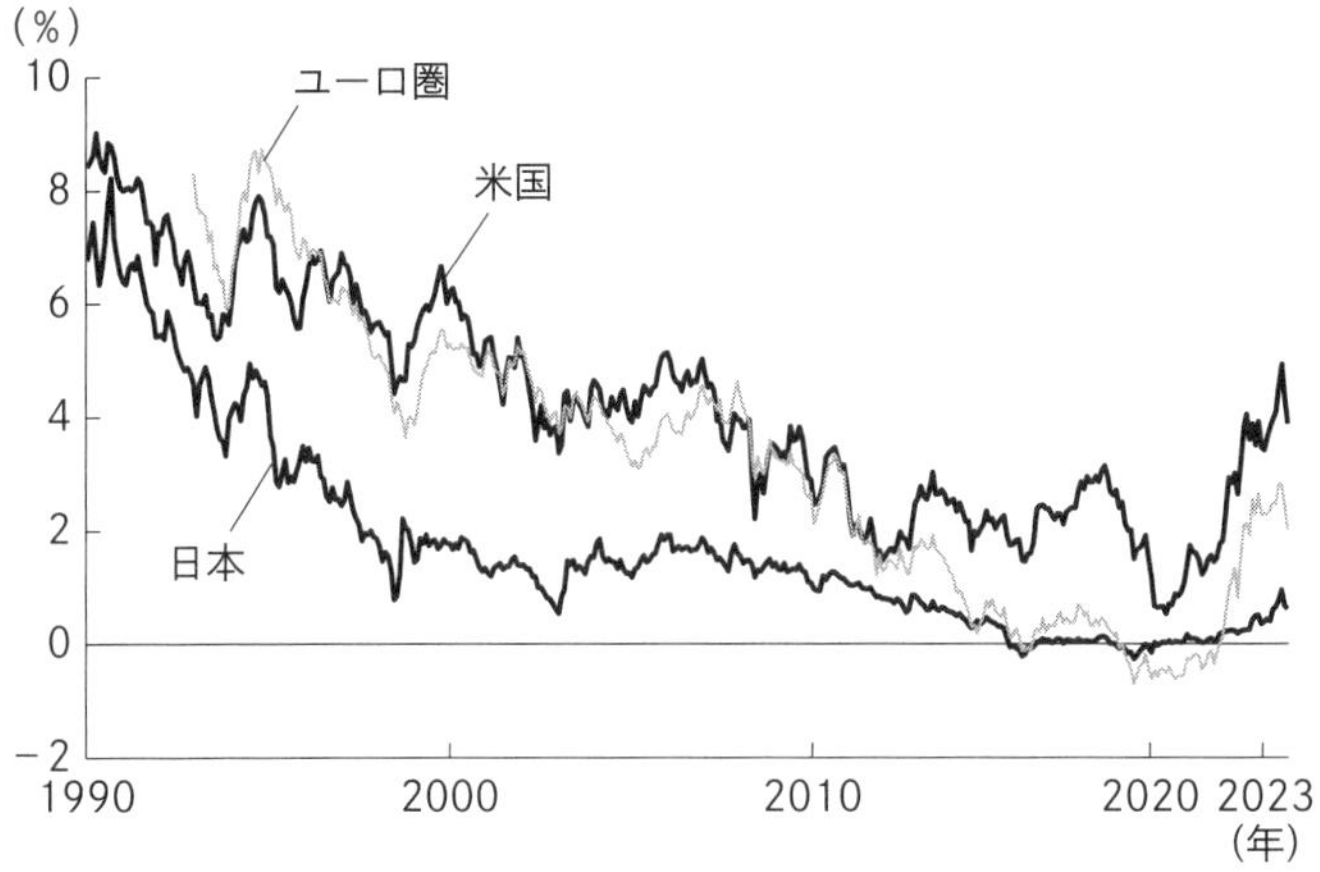

（出所）Bloomberg、筆者作成。

ンフレ目標に回帰できる時期は2025年以降と予想しています。

企業の賃金・価格設定行動が変化

輸入価格上昇→販売価格への価格転嫁、物価上昇→賃上げ、賃上げに伴うコスト増→販売価格引上げ、そして、生産性上昇に伴う価格転嫁の多様性など、企業の価格設定行動は変化し始めました。①食料品の価格改定の動きの持続、②トラック運転手の不足から国内のトラック輸送費の上昇、③サービス価格の上昇など、これまでなかなか変化しなかった物価上昇がみられることは、新しい動きです。

最近のエネルギーや食料品の価格上昇を受けて、家計の生活防衛意識は強まっており、「物価の安定」はすでに損なわれているとみるべきでしょう。「物価の安定を図ることを通じて国民経済の健全な発展に資すること」という、より本質的な日本銀行法の、通貨および金融の調節を行うに当たっての理念に抵触している疑念がある中、日銀が金融政策運営の見直しに着手しないことには問題があります。

「金利のある世界」に戻ると、円建て資産での資産運用が復活します。右肩上がりのイールドカーブと適度な金利変動は、資本主義の重要な社会インフラと言えます。２０２４年から新ＮＩＳＡがスタートしました。個人投資家にとって、「金利がない世界」から「金利がある世界」に戻ることは歓迎すべき動きとなります。「金利のある世界」では、企業に対して資金調達コストを超える収益を計上する圧力となり、企業の新陳代謝、高付加価値化、生産性上昇を促し、日本経済の活力を高めます。

生産年齢人口が減少する日本で生産性を高めるには、民間金融機関の金融力を活用して企業の新陳代謝を促していく必要があります。すなわち、経済活動が平時に戻った現在、金融機関には資金繰り支援よりも、取引先の事業会社に対して、①不採算事業からの撤退、②事業継続性のない企業には事業継続の断念や身売りの提案、③業種を超えたＭ＆Ａの提案、④資本不足に陥っている企業に対する資本性資金の提供など、事業再生、成長力強化につながる経営戦略の提案が期待されます。

循環型社会の実現には、「企業の信用力を反映した貸出金利」が重要

このように金融機関の目利き力を発揮しやすくするには、企業の真の信用力を反映した金利水準（クレジット・スプレッドを反映した金利水準）で企業貸出が行われることが重要です。ただ、これ

までは、①日銀の大規模金融緩和が長期化し、超低金利政策が継続されていること、②パンデミックにおける無担保無利子融資の「ゼロゼロ融資」にみられるような資金繰り支援によって企業倒産を低水準に抑えることを政治的に金融機関は期待されていること、③政府系金融機関の存在感の大きさ、主要中銀の巨大なバランスシート維持の結果、民間金融機関の事業会社向け融資は対象企業の信用力に見合わない低金利で行われていることなどを背景に、「企業の信用力を反映した貸出金利」が十分形成されているとは言えません。クレジット市場が正常に機能し、資本力のある企業の資金調達が容易になり、国際競争力が高まる状況を作っていく必要があります。

日本が循環型社会へと移行する際、金融機関が資金を上手く回して、経済の再生やサステナビリティにつながっていく21世紀型の金融仲介機能を発揮するには、①市場の力も活用し、様々なニーズを満たす資金を回していく、②事業会社が投資して適切なリターンを得られるような環境整備に寄与する、ことが期待されます。

企業行動の変容、薄利多売型モデルとの決別

本邦企業は従来、コスト削減でマーケットシェアを確保するという発想が根強く残っています。低価格競争が継続した背景には、日銀の超低金利政策や資金繰り支援によって収益性の低い企業が存続したことも指摘できます。パンデミック後、輸入物価上昇と円安進行を起点とする川上段階のインフレ圧力の上昇を受けて、①付加価値を高めて自社製品をいかに高く販売するか（ブランディ

ング戦略）、②多様性をもたせたメリハリのある価格戦略による販売増加、③季節的な需要の変化に応じたダイナミック・プライシング（高級ホテル業界）、④海外の特定の顧客ニーズに応じた希少性の高い製品販売など、企業戦略面で工夫がみえてきました。

金利機能が働き始めれば、企業の価格設定行動はさらに前向きな動きが出てくることが予想されます。サービス業については、「サービスはタダ」という日本の古き悪しき慣習から卒業することで、生産性が高まることが期待されます。顧客満足度を落とさずに、付加価値の高いサービスに対しては適正な対価を求めることからスタートすべきでしょう。

マイナス金利政策の解除に前向きな講演も

氷見野日銀副総裁は2023年12月6日の講演で、以下のように、「金融政策の正常化」に前向きなコメントをしました[21]（⇓以下は、筆者のコメント）。

（経済・物価の現状と先行き）

〇家計の負担感　家計簿の構成により近いガソリン、電気・ガス込みの方で見ますと、昨年度の実績も本年度・来年度の見通しも3％程度で、「物価安定の目標」である2％を上回っています。食料品など生活必需品の値上がり率は3％よりもさらに高く、多くの家計にとっての負担の実感はむしろそちらに近いと考えられます。これは大変重い事柄です。⇓　食料品や生活必需品の値上がりによる家計の負担感の重さを憂慮していると明確にコメント。

○物価安定の確認の重要性　「足もとの物価高は何とかしたいが、経済の緩やかな回復は守りたいし、賃金が上昇しやすい環境も整えたい。先行きデフレ的な世界に戻ることも避けたい」ということで、ここが私どもにとって一番悩みの深いところです。

○企業の賃金・価格設定行動の変化　「物価上昇の分、賃金が上がる」というだけでは、私たちの暮らしは実質では良くなりません。好循環をきっかけに、第4段階、すなわち価格戦略の多様化・高付加価値化・生産性向上の段階が始まり、その成果が分配されてこそ、暮らしが良くなっていくと考えられます。

○価格転嫁後の需要動向のバラツキ　支店長会議の際に、こうした高付加価値化・賃上げ・人材確保といった攻めの戦略はどの程度広がっているのか、何人かの支店長に尋ねてみたところ、そうした話は出始めているが、「人手不足は辛いが、損益分岐点を低く抑え、次の波を乗り越えられるよう歯を食いしばる」という守りの戦略も多い、とのことでした。⇓　攻めの価格戦略の広がりの程度はバラツキがある。

○物価全体の動き　2％以上のインフレの時代には、大半の品目が毎年値段が変わるようになっていく、という風にいえそうです。足もとでは、デフレ前の時期並みに値段が変わる状態に戻っています。また、日銀のスタッフの最近の論文によれば、国内からの仕入れ価格の動きに近いと思われる「企業物価」についても、海外からの仕入れ価格を左右する「為替」についても、そして人件費に相当する「賃金」についても、それぞれの上昇率が一定水準を超えた場合には、消費者物価上昇率に反映される度合いが急に高くなる、とのことです。これは、仕入れ価格や賃金の上昇率が一定水準以下であれば我慢して、できるだけ価格改定を避けるが、自社なり取引先がどうにも我慢できなくなったら改定する、という行動パターンのように見えます。⇓

2％以上のインフレの時代は、企業は価格改定をしやすくなったとの判断を表明。

○**物価上昇と価格設定行動の関係**　定量的な統計データで見てみるとどうでしょうか。一言でいうと、変化は着実に進んでいるように窺われます。⇓　物価から賃金、賃金から物価への波及も戻ってきていることが統計的に確認できるとコメント。

（日銀の金融政策運営）

○**フォワードルッキングな政策運営**　仮にいよいよ賃金と物価の好循環が強まり、「物価安定の目標」も持続的・安定的に達成できる、と見通せるようになったら、何が起こるのでしょうか。よく聞かれるのは、そこで却って色々な問題が起こるのではないか、という疑問です。⇓　日銀の金融政策の建付けはバックワード・ルッキングである。氷見野副総裁はフォワードルッキングな政策運営の重要性に対して理解を表明。

○**出口の際に予想される経済主体の変化**　「出口を迎えられるような経済状況になること自体は、長年目指してきたことであり、全体としては良い変化といえるとしても、そうなれば、これまでの大規模な金融緩和を徐々に修正していくことになるだろう。その際に生じるのは、金融政策の変更で通常想定されるような消費や投資への影響だけなのか。徹底した金融緩和をきわめて長期間続けてきただけに、国民生活や企業経営、金融機関に追加的なストレスをかけてしまうのではないか」という疑問です。⇓　日銀はすでに出口に伴う効果と副作用の分析を様々な角度から行っていることを示唆。

○出口のタイミングと判断　賃金と物価の好循環の状況を良く見極めて、出口のタイミングや進め方を適切に判断することだろうと思います。そこを間違わなければ、賃金と物価の好循環が強まっていくこと自体のメリットは幅広い家計と企業に及ぶだろうと考えられますので、出口を良い結果につなげることは十分可能だろうと考えます。⇓　日銀は出口に踏み切る準備ができている自信の表れ。

以上を要約すれば、氷見野副総裁の講演は、①マイナス金利政策の解除はタイミングの問題である、②物価見通しが条件になるが、企業の賃金・価格設定行動の変化（ノルムの変化）に勇気づけられている、そして③市場参加者は「金融政策の正常化」の準備を怠らないでほしい、というメッセージを送ったと解釈できます。この氷見野副総裁の講演は、金融市場の雰囲気を変えました。

なお、マイナス金利政策を解除した場合、オーソドックスに考えると、付利金利を＋10ベーシスポイントにして、無担保コールレート（翌日物）は０％台後半で推移させることが予想されます。

長期金利の誘導目標をどうするかは議論になりますが、マーケットは長期金利の上限の目途に関心が高いので、1・0％超を1・25％超、あるいは、1・5％超まで10年物国債金利の水準を容認するのではないかと推察されます。マイナス金利政策の解除後、「金融政策の正常化」を今回の金利サイクルでどこまで進められるかについては、欧米主要中銀の金融政策運営、円ドル相場、ファンダメンタルズ次第となりますが、日銀は連続利上げを織り込ませるようなコミュニケーションには消極的であると推察されます。

日銀短観（2023年12月調査）の「企業の物価見通し」の推移をみると、全規模・全産業の3年後の物価全般の見通しは、前回9月調査に続き、前年比＋2・2％となり、7四半期連続で2％台が継続。パンデミック後、欧米主要国のようなインフレ圧力が高まっているわけではありませんが、価格転嫁率の進捗、企業の賃金・価格設定行動の変化から、中期的なインフレ見通しが2％台に定着しつつあることを示しています。

また、全規模・全産業の3年後の販売価格の見通し（現状の水準と比較した変化率）をみると、9月は＋3・8％（変化幅は横ばい）、12月は3・7％（変化幅は▲0・1％）と、企業は原材料費やエネルギー価格や労務費の上昇分を自社製品の値上げにつなげる強気の販売価格戦略に変化しつつあることを示唆しています。[22]

「多角化レビュー」でどこまで踏み込めるか

アベノミクスと異次元緩和（QQE）の開始から10年超を経過しました。かつて、「デフレからの脱却が、日本経済の最大の課題である」と言われましたが、単に、物価を上げれば、問題が解決するわけではないことが判明しました。QQEをダラダラと続けると、多くの識者が指摘する副作用が大きくなります。パンデミックを克服し、需給ギャップがほぼゼロとなる中、「平時」の金融政策に戻し、金利機能を活かした構造改革によって、企業の新陳代謝や生産性向上を目指すべきだと思います。特に、パンデミック後、財政余力が低下し、政府債務残高が増えました。

先に触れたように筆者は、「債務（財政）の持続可能性」が懸念される状況と言うほど悲観的ではありませんが、日本のソブリン格付けがさらに引き下げられると、邦銀のみならず、日本の事業会社の外貨調達はコストとボリュームの両面から厳しくなります。異常気象が続き、首都直下型地震など国家的な危機が発生した場合、その復興関連支出のために日本国債が低金利で発行できなくなるリスクもあります。主要国は、パンデミック対応で財政余力が低下しました。日本はパンデミックが一段落したタイミングにあり、「財政余力の回復」を最優先すべきフェーズにあります。これまでのゼロ金利政策や量的緩和策など、過去25年の金融政策を日銀が自ら総括する「多角化レビュー」は、アベノミクスの功罪まで踏み込むことができれば、高い評価が得られるでしょう。

[7]「植田カラー」とは？

大規模金融緩和政策の修正は急がず

日銀の植田和男総裁は、総裁就任当初から、黒田前総裁の大規模金融緩和路線をそのまま引き継ぎ、ハト派の姿勢を打ち出しました。植田総裁は自らの考えを誠実にマーケットに伝えることに腐心していることは好感がもてます。植田総裁の就任後のコメントを素直に読むと、日銀は政策修正を急いでいないことが分かります。一方で、日銀の「政策反応関数」が分かりにくいという声は少なくありません。植田総裁には、定例記者会見で、過不足のない回答が期待されています。

物価と賃金の良い兆しがみえており、ノルムの変化の兆しがみえると述べているのですが、①2023年度後半のインフレ率の鈍化、②2024年度のインフレ率の不確実性（インフレ率が2％のインフレ目標に回帰するか、自信がもてない）が前面に強く出ています。また、植田総裁は、世界経済および日本経済の下振れリスクにも言及していますが、マーケットは植田総裁の物価見通しに過度に注目しており、「景気の下振れ」リスクに対する言及が注目されていないようにみえます。

とはいえ、植田総裁のコミュニケーションは、以下のように変化してきました。

●内外情勢調査会（２０２３年５月19日）「拙速な政策転換を行うことで、ようやくみえてきた２％達成の『芽』を摘んでしまうことになった場合のコストはきわめて大きいと考えられる。逆方向の、政策転換が遅れて２％を超える物価上昇率が持続してしまうリスクもあるが、こうした２％の定着を十分に見極めるまで基調的なインフレ率の上昇を『待つことのコスト』は前者に比べれば大きくないと思われる[23]」

●読売新聞による単独インタビュー（２０２３年９月９日）「賃金上昇を伴う持続的な物価上昇に確信が持てた段階になれば、『マイナス金利政策』の解除を含め、『色々なオプション（選択肢）がある』」⇒ハト派姿勢を後退させた。

●大阪経済4団体共催懇談会での講演（２０２３年９月25日）「（２０２２年来の物価上昇には二つの力が作用していると指摘した上で）最近のコアＣＰＩの動きは、輸入物価・エネルギー価格の上昇の価格転嫁（『第一の力』）から、人材獲得競争の激化、毎年価格が上昇することを見越したフォワード・ルッキングな企業の賃金・価格設定の広がり（『第二の力』）、に起因するものに少しずつ変化している[24]」「賃金上昇率の動きは注視しているが、２％の『物価安定の目標』の持続的・安定的な達成の判定は、何か特定のデータではなく、『総合判断』となる」

●経団連での講演（２０２３年12月25日）「２％の『物価安定の目標』が持続的・安定的に実現していく確度は、少しずつ高まっているとみている」「物価上昇を反映した賃上げが実現するとともに、賃金上昇が販売価格に反映されていくのかを注視する[25]」

「金融政策の正常化」を託された植田総裁

主要中央銀行の金融政策は、中長期的な「物価の安定」を目指すべきであり、経済成長や雇用の創出はそうした政策運営を通じてもたらされると考えるべきです。現実の金融政策運営上は、「物価の安定」の位置づけに関し、各中央銀行の間に大きな違いはなく、「物価の安定」の意義についても概ね共通です。すなわち、①効率的な資源配分がもたらされる、②物価の変動に由来する先行きについての不確実性が低下する中で、経済主体の合理的な意思決定がより容易となる、③健全な経済発展の基盤を形成する、とされています。

「インフレ・ターゲット」の適切な解釈

「物価の安定」の定義について、Ｆｅｄは、「経済主体が将来の一般物価水準の変動を気にかけなくてもよい状態」という定性的な考え方を表明しています。日銀の「物価の安定」の定義は、「家計や企業等の様々な経済主体が物価水準の変動に煩わされることなく、消費や投資などの経済活動にかかる意思決定を行うことができる状況」です。

インフレ・ターゲットを採用している中央銀行は、インフレ率が２％のインフレ目標から乖離した場合、インフレ目標と引き続き整合性が取れているか（アンカーされているか）の判断基準として、物価上昇圧力が「供給要因に由来するものか」、「需要要因によるものか」ではなく、あくまでも「一時的なものか」「粘着性の高いものか」によって、適切な政策対応を議論します。「供給ショックによるコストプッシュ型のインフレ圧力」であれば、インフレ目標から大きく乖離しても放置して良いという「免責条項」は採用されていません。

多くの主要中央銀行が採用している2％のインフレ目標は、「物価の安定」という最終目標を達成するための「中間目標」という位置づけです。家計の購入頻度の高い食料品価格の値上げが相次ぎ、日本国民は体感的には二桁近いインフレ圧力を感じているのではないでしょうか。

日銀が2024年1月17日に公表した「生活意識に関するアンケート調査（2023年12月調査、標本数4000人（有効回答者数2061人））」では、物価高に対して国民が極めて不安を感じていることが読み取れます。例えば、「現在の物価：1年前に比べ、物価は何％程度変化したかの具体的な数値を求める回答」をみると、平均値は＋16・1％（前回＋15・0％）、中央値は＋10・0％（前回＋10・0％）。一方、「1年後の物価：1年後の物価は現在と比べて何％程度変化するかの具体的な数値を求める回答」をみると、平均値は＋10・0％（前回＋10・7％）、中央値は＋8・0％（前回＋10・0％）。定性的には、1年前と比べて65・6％（前回68・4％）が「かなり上がった」、1年後と現在と比べると、23・0％（前回31・6％）が「かなり上がる」、56・3％（前回55・2％）が「少し上がる」と回答しています。[26]

フォワードルッキングな金融政策

パンデミックの収束後、欧米主要国が2％のインフレ目標の早期達成が困難であることを認める中、日銀は、日本経済のダウンサイド・リスクに軸足を置いた金融政策を続けています。しかし、長らくほぼデフレの状態にあった日本国民はインフレ耐性が弱く、日銀はインフレ圧力が想定よりも強いという判断したことを踏まえ、本来は「金融政策の正常化」に軸足を置くべきです。円安進行による物価の上振れを誘発する状況を容認するようでは、「物価の安定」のマンデートに逆行します。

米国経済は底堅く、2024年に入っても利下げに慎重なスタンスです。米国要因によって、日米金利差が縮小するとの期待が高まるまで時間を要する中、円安ドル高方向の圧力が持続します。政治的圧力の有無にかかわらず、日銀は何らかの形で、「フォワードルッキングな政策運営（将来の経済・物価情勢を見越した政策運営）を行う用意がある」とのシグナルを送らなければ、日米の経済力・軍事力の格差は小さくないだけに、円安圧力が持続すると思われます。

日銀の一般国民向けのコミュニケーションは改善余地

一般国民向けのコミュニケーションという観点では、Ｆｅｄのパウエル議長は、米議会とそのバックにいる国民に委任された「物価の安定」と「雇用の最大化」を実現するために金融政策を行っていることを、ＦＯＭＣ後の定例記者会見で毎回意識的に述べており、ＥＣＢは、“Our Monetary Policy Statement at a glance”で幅広い層にポンチ絵で金融政策を一目で分かりやすく伝える努力をしています。一方で、日銀の「展望レポートのハイライト」は、ＥＣＢを参考にした一般向けに政策運営を説明するツールのはずですが、２０２３年10月分は、金融のプロでも理解不能なポンチ絵が並んでいます。２０２３年11月17日の衆議院財政金融委員会で行われた日銀の半期報告で、（当時）国民民主党の前原誠司衆議院議員から、「金融政策は国民のために運営されるべきである」という痛烈なコメントがありました。物価高が一般国民に負担を与えている中、日銀は一般国民向けのコミュニケーションの充実をはかる必要に迫られていると考えるべきでしょう。

共同声明の見直し・撤廃は、将来の課題

国益の観点からは、日銀が２％の「物価安定の目標」を総合判断できる余地が広がり、デフレ時にもインフレ時にも金融政策が有効に機能することは望ましいことです。政府と日銀は２０１３年１月22日、「デフレ脱却と持続的な経済成長の実現のための政府・日銀の政策連携について（共同声明）」を締結。[27] 政府が日本経済の競争力と成長力の強化に向けた機動的なマクロ経済政策運営に努めることを前提に、日銀が物価安定の目標を「消費者物価（ＣＰＩ）の前年比上昇率で２％」に定め、金融緩和を推進し、できるだけ早期に実現することを目指すことをコミットしました。

新日銀法では金融政策の理念として「物価の安定」が明文化されていますが、重要なことは、「物価の安定」は、「物価指数（ＣＰＩ）の安定ではない」という点です。ＣＰＩという物価指標に統計上の欠陥がある中、将来の主な課題を列挙すると、以下のようなポイントが挙げられます。

① 共同声明の見直しや撤廃をするか

② ２％というインフレ目標をより柔軟なものにするか
③ 多面的に物価の動きを見極めることができる新しい物価統計データを開発するか
④ 国民が体感している物価情勢について、「生活意識に関するアンケート調査」や（日々の物価の動きを追える）日経ＣＰＩ Ｎｏｗなどを活用しながら、総合判断で金融政策を決定するか
⑤ 潜在成長率が０％台半ばと推計され、革新的イノベーションがなければさらに低下する可能性が高い中、２％というインフレ目標は身の丈に合わない高過ぎる水準でないか

これらについて、政府が「デフレ脱却宣言」をした後、政府と日銀のあいだで議論が進むことを期待します。

［8］インフレ抑制の遅れ――資産インフレと格差拡大の助長

危機対応型の大規模緩和を継続する日銀

２００８年のグローバル金融危機以降、主要中央銀行を取り巻く大きな潮流の変化がありました。第一は、政策金利が「ゼロ金利制約」（あるいはＥＬＢ：“effective lower bound”）に直面した結果、主要中央銀行は非伝統的（非正統的）金融政策に踏み切りました。マイナス金利政策は、日銀

を除くと、ＥＣＢ、スイス、デンマーク、スウェーデンという欧州諸国で導入されたものの、英米諸国は導入しませんでした。

非伝統的政策が高く評価された局面でも、海外の中央銀行は、比較的出口が容易な資産買入れと、フォワードガイダンスにとどめている事例が大半です。一方で日本は、資産買入れ、フォワードガイダンス、マイナス金利政策の他、エクイティ性資産の購入やＹＣＣまで導入。非伝統的政策からの出口の煩雑さは、突出しています。

危機対応時の金融政策のあり方は、危機のタイプによって異なるべきです。２００８年の「グローバル金融危機」は、金融危機であるため、流動性の供給やドル資金供給オペなど中央銀行の役割が大きくなります。２０１０年代前半に発生した「欧州通貨危機」は、ギリシャの財政問題に端を発した債務危機ですが、南欧諸国からユーロ圏全体に広がりをみせ、ＥＵ統合が通貨統合から政治統合に向かう動きに水をささないよう、欧州中央銀行の金融政策に影響を与えました。

これに対しパンデミック対応では、医療提供体制やワクチン政策の強化など、政府の役割が中心になります。パンデミックによる需要不足は、ロックダウンなど行動制限という「人為的に経済活動を停止して、需要を抑制する感染症対策」によるものであり、行動制限が解除されれば、需要不足は解消されるものです。金融政策は補助的な役割に徹するべきでした。ただ、パンデミックによる景気のオーバーキル懸念から、大規模な金融緩和が実施されました。ロシアによるウクライナ侵攻は、欧州でのガス価格高騰など、エネルギーの安定供給に対する不安を強めました。

一方で日本は、今のところ、相対的に低いインフレ率と長期金利の恩恵を受けていますが、物価高は個人消費の下振れ要因になっています。「金融政策の正常化」に向けたフォワードルッキングな政策運営を行わないことは、インフレ抑制が遅れ、資産インフレを助長して格差拡大につながる懸念があります。格差拡大については、今のところ株価上昇、都心部のマンション価格の上昇など局所的なものにとどまっており、米国のように貧富の格差が政治問題化している国のようにはなっていません。

しかし、都心部の新築・中古マンション取引価格の上昇率は前年比3割上昇など周辺部を大きく上回っており、価格格差が目についてきました。いわゆるパワーカップルでも都心部でマンションを購入できない水準になってきました。東京は、ニューヨーク・ロンドン・シンガポールの不動産価格に比べて割安感がありますが、世界の主要都市との資産格差の一因が円の独歩安であったり、格差が固定化してくると、日銀の超低金利政策の長期化の弊害とみなされます。

▼第6章のまとめ

日銀は、物価見通しを繰り返し過小評価してきました。日銀の氷見野良三副総裁は2023年12月6日の講演で、物価見通しが条件になるが、企業の賃金・価格設定行動の変化に勇気づけられていると発言。また、植田総裁は翌12月7日、参院財政金融委員会における半期報告で、「年末から来年にかけて一段とチャレンジングな状況になる」としました。この二つのコメントは、日銀は「金融政策の正常化」を進める準備をしているので、市場参加者にも準備を怠らないでほしいというメッセージと解釈されました。

第7章

中央銀行の憂鬱

The Compound Inflation

［1］供給ショックへの対応は金融政策の不得意分野

金融政策を評価する上での着眼点

主要中央銀行の金融政策を評価する上の着眼点は、以下のようなものになります。

- 「政策反応関数」⇓　何を重視して金融政策を決定するのか。
- 「経済・物価への波及メカニズム」⇓　金利チャネル、貸出チャネル、資産価格チャネル、為替チャネル等。
- 「金融環境の点検」⇓　イールドカーブの形状変化、資産価格・為替レートの動向。
- 「コミュニケーション政策」⇓　政策効果を高めるための情報発信。
- 「他のマクロ政策との連携」⇓　財政政策、国債管理政策、構造改革等との連携協調。
- 「他の主要中央銀行の金融政策に与える影響」⇓　他の主要国の政策運営に悪影響を与え、それが自国に跳ね返ってくるネガティブ・フィードバック・ループに陥るリスクはないか。

２００８年のグローバル金融危機以降、主要中央銀行は「バランスシート政策（広義の量的緩和）、すなわち、ＦｅｄのＬＳＡＰ（ＱＥ、Large Size Asset Purchase）、日銀のＱＱＥなど、自らのバランスシートの資産サイドに着目した量的緩和政策を採用しました。その際、長期国債を主な資産買入れの対象にするわけで、大なり小なり、財政政策と金融政策の連携は強まりました。これは良く言えば、資産買入れなどバランスシート政策（量的緩和政策）によって「ゼロ金利制約」に直面しても金融緩和の効果を発現したと言えますが、悪く言えば、マネタイゼーション、すなわち金融政策の「財政政策への従属（fiscal dominance）」が発生します。

グローバル金融危機や欧州通貨危機やギリシャ危機など金融危機が発生すると、中央銀行は潤沢な流動性供給を行うことが期待されます。「平時」と「有事（金融危機対応が必要な局面）」で金融政策運営が異なるのは自然ですが、有事モードを不用意に引きずると、金融政策の自由度が低下します。日銀とＥＣＢは危機対応として導入した大規模な資産買入れ、マイナス金利政策を平時に戻っても継続した結果、パンデミック対応の際に金融政策の選択肢が少なくなり、パンデミックとウクライナ危機に伴う潜在的なインフレ圧力の高まりへの対応が遅れた面が否めません。

供給ショックと金融政策

金融政策は景気循環の平坦化、需要要因による景気過熱による物価押し上げ圧力の抑制など得意分野の他、供給ショックへの対応という苦手な政策対応を期待されています。本書では、「パンデミック、気候変動、国際紛争」という供給ショックに起因するインフレに対して、主要中央銀行と各国のポリシーメーカーが苦慮したことを繰り返し述べてきました。ここでは、簡潔に以下の点についてコメントしたいと思います。

① なぜ欧米の主流派エコノミストは、パンデミック後の物価見通しを間違えたのか。
② なぜ日銀の金融政策は、欧米主要中銀から周回遅れとなっているのか。

前者については、①主要中央銀行が信奉してきたニューケインジアンの経済モデル（失業率とインフレ率は逆相関関係にあるとするフィリップスカーブの存在を前提とした議論）に固執したこと、②パンデミックに対応した大規模なワクチン接種に加え、政府の巨額な財政出動による家計の過剰貯蓄（強制貯蓄）を受けて、パンデミック後、家計が繰り延べてきた外食や旅行というサービス消費支出を大幅に膨らませることを過小評価したこと、③Ｆｅｄは２０２０年８月、ある一定期間インフレ率が目標の２％を超えてもしばらく放置することを容認する「緩やかな平均物価目標」を導入したことで、２０２１年３月からインフレ率が２％を超えていたにもかかわらず、同年秋まで一時的な上振れであると説明し、物価の上振れを容認したこと――以上の３点を指摘できます。

一方で後者については、日銀が２００８年のグローバル金融危機以降、平時になっても「危機対応型」の非伝統的金融緩和に続き、黒田前総裁が余りにも厳格に２％の「物価安定の目標」を持続的・安定的に実現することに固執し過ぎた結果、「フォワードルッキングな金融政策」ができなかったと思われます。景気循環に応じた「平時」の金融政策を採用すべきであることを指摘できます。

［2］「賃金と物価の好循環」は切り札か？

「賃金と物価の好循環」は日本独特の言い回し

日銀は、2％の「物価安定の目標」を持続的・安定的に実現するためには、「賃金と物価の好循環」が必要という情報発信を続けています。政府は、最低賃金の引上げや、大企業に対して中小企業からの労務費引上げ要請の受入れを期待しています。

では、「賃金と物価の好循環」は、「物価の安定」を実現するための切り札でしょうか。

政府と日銀が目指す「賃金と物価の好循環」とは、インフレ率が2％程度に安定する状況と思われます。筆者の見解は、そのためには、①持続的な生産性上昇や高付加価値化、②コスト上昇分を販売価格に転嫁できる企業の価格設定行動、③付加価値の上がった財・サービスに対して以前よりも高い価格を支払う家計（消費者）の「値上げ許容度」、が条件になるというものです。政府は、物価上昇に負けない賃上げと言っていますが、生産性上昇や付加価値向上を伴わない賃上げの場合、賃上げと物価上昇の悪いスパイラルが発生します。また、受注先企業が労務費の価格転嫁を発注先の大企業に要請しても、生産性上昇を伴わないケースの場合、持続的な賃上げにはつながらないことを、中小企業庁も理解しています。

一例を挙げれば、T年のインフレ率が２％、賃金上昇率が３％の場合、T年の実質賃金上昇率は１％です。企業が名目賃金上昇率を翌年の販売価格にフルに反映すると、T＋1年のインフレ率は３％に上昇します。１％の実質賃金上昇率を続けようとすれば、名目の賃金上昇率は４％となります。ここで、１％の実質賃金上昇率を継続しようとした場合、T＋２年のインフレ率は４％、賃金上昇率は５％となります。

しかし、いずれの場合でも、「賃金上昇率が３％、実質賃金上昇率が１％であっても、生産性上昇率が１％あり、単位当たり労働コストは２％となり、２％の『物価安定の目標』と整合的」です。この辺りの議論は、高橋（２０２３年）で分かりやすい説明があります。[28] 欧州では「賃金の物価スライド制」が残存しており、欧州中央銀行が「賃金と物価のスパイラル的上昇（"price-wage spiral"）」を警戒しているのは、そのためです。

物価見通しに関する日銀のユニークな二分類

植田総裁は２０２３年9月25日の大阪での講演以降、日銀は、「物価の先行き見通しについて、輸入物価・エネルギー価格の上昇の価格転嫁（『第一の力』）から、人材獲得競争や毎年価格が上昇することを見越したフォワード・ルッキングな企業の賃金・価格設定の広がり（『第二の力』）に起因するものに変化し、『賃金と物価の好循環』が強まっていくという姿をメインシナリオとして想定」しています。筆者には、複雑な物価の先行き見通しを、「第一の力」と「第二の力」という二分法の説明で押し切ろうとしているようにみえました。

しかし、「第一の力」「第二の力」の分類は、「需要要因と供給要因」とも違いますし、「外生要因と内生要因」とも違います。海外発の輸入物価上昇を国内物価に転嫁できるのは、それなりに国内需要が強いことを意味します。輸入物価上昇の大きな原因である円安の背景には、超低金利政策の継続による日本と欧米主要国との金利差拡大があります。輸入物価・エネルギー価格の上昇の価格転嫁を「第一の力」と定義すると、第一次石油危機の原油価格急騰など特殊事例が全て含まれていることになります。インフレ・ターゲットにおけるインフレ圧力の判断は「一時的か持続的か」であるため、国際基準の物価動向の要因分析と整合的でなく、金融政策がビハインド・ザ・カーブに陥るリスクがあります。また、「第一の力」と「第二の力」の寄与度を定量的に示せず、定性的なことしか言えないため、政策判断が恣意的と言われるリスクがあります。「第二の力」は基調的な物価上昇率を示す概念であり、期待インフレ率・賃金交渉、ミクロヒアリングなどを踏まえて、総合的に判断せざるを得ないなど、色々と問題点を指摘できます。

こうしたことから日銀は、2％の「物価安定の目標」の持続的・安定的な達成の判定をする際、何か特定のデータではなく、「総合判断」というレトリックで逃げ切ると予想されます。

日銀が2022年度と2023年度の物価見通しを過小推計してきた背景は、①価格転嫁の進捗、②食料品の値上げの頻度の高さ、③サービス価格の上昇圧力、④賃上げの原資を得るための値

図表7-1　日本銀行の「基調的なインフレ率を捕捉するための指標」

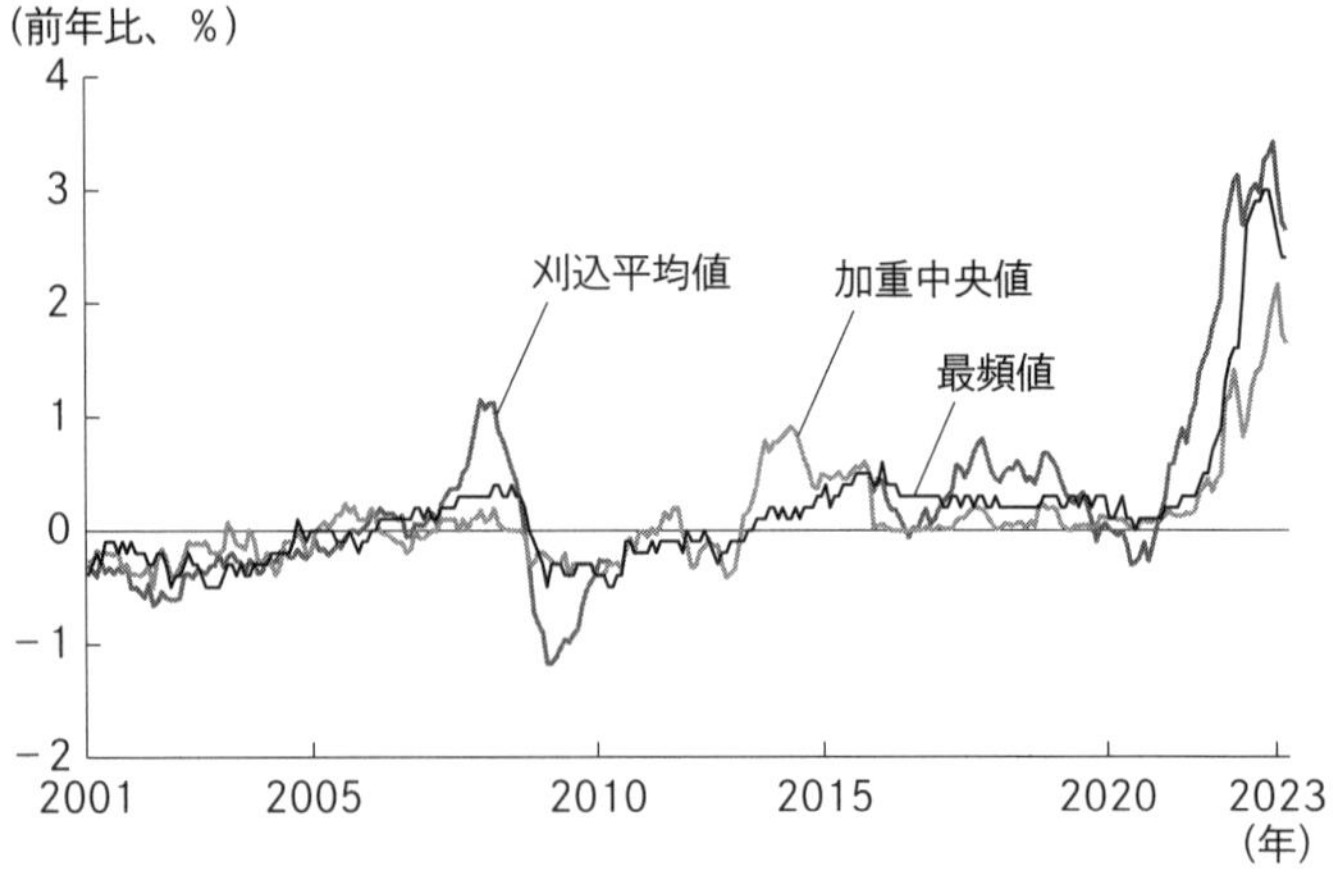

（出所）日本銀行、筆者作成。

上げ実施など、企業の価格設定行動（ノルム）の変化、⑤人材確保に向けた企業の賃上げ許容度といったことを過小評価したことです。また、生産年齢人口が減少する日本では、対面型サービス業、トラック&タクシー・ドライバー、エッセンシャルワーカーなどの人手不足感が構造的なものとなり、「労働供給制約型の社会構造」にシフトしつつあるという構造変化も軽視した感があります。

日銀が２０２４年２月29日に公表した１月分の「基調的なインフレ率を捕捉するための指標」では、①刈込平均値が前年同月比＋２・６％（前年12月＋２・６％）、②加重中央値が同＋１・９％（12月同＋１・６％）、③最頻値が同＋２・３％（12月同＋２・４％）と、加重中央値を除き２％を超える水準が続いています。輸入物価・エネルギー価格の上昇の価格転嫁が中心とはいえ、基調的なインフレ率は緩やかに上昇を続けています。

［3］賃金は遅行指標——待ち過ぎることのコスト

遅行指標である賃金の上昇を待つと、ビハインド・ザ・カーブに陥る

日銀の対外公表文は「賃金の上昇を伴う形で、2％の『物価安定の目標』を持続的・安定的に実現することを目指していく」とされていますが、持続的な生産性上昇や高付加価値化に裏づけられた賃上げでない場合、日本もいずれ欧州でみられるような「物価と賃金の悪いスパイラル」に陥ってしまうリスクがあります。

国民が物価高で悲鳴をあげる中で、日銀が政策修正を先送りして、そのまま大規模金融緩和を継続すると、日銀は「物価の安定」というマンデートを達成できず、資産インフレを誘発し、所得格差が拡大するリスクが高いと思われます。日銀は、供給ショックに起因する「複合インフレ」という粘っこいインフレ圧力の本質を十分に見抜いたと言えず、2023年は物価見通しの上方修正を繰り返しました。2023年末時点では、輸入物価上昇に起因するインフレ圧力が鈍化し、国内企業物価が前年比0％近辺に低下している点に注目し、企業の賃金・価格設定行動を十分に見極めたいという情報発信を続けています。

「インフレ圧力は遠からず落ち着く」という楽観論に警鐘をならすＩＭＦ

ＩＭＦの筆頭副専務理事のギータ・ゴピナート氏は、２０２３年6月のＥＣＢのフォーラムで、“Three Uncomfortable Truths for Monetary Policy（「金融政策の三つの不都合な真実」）という論文を披露しました。[29] ＩＭＦやＥＣＢを含む政策当局者はインフレ率が急騰した2年前、「インフレ率は遠からず落ち着きをみせるはず」という楽観的な見通しをもっていたという反省文から書き起こされています。そして、①インフレ率はインフレ目標に回帰するまで長い時間を要する、②金融面のストレスがインフレ抑制と金融システム安定という中央銀行の二つの目標に軋轢を生じさせる、③パンデミック前よりも中央銀行は上向きのインフレのリスクに直面する蓋然性が高い、という「不都合な真実」を説明しています。幅広い財・サービスでインフレ圧力が高水準にある中、主要中央銀行は、「リスクマネジメント・アプローチ」の観点から、コア・インフレ率が明確に鈍化する過程に入るまで引締め的スタンスを維持すべきであり、少なくともユーロ圏の政府は財政再建に真剣に取り組むべきだと指摘しています。

ゴピナート氏のコメントは、欧米主要中銀を念頭においたものです。日銀が参考にするのであれば、逆説的ですが、金融政策の自由度を確保するためには、２％の「物価安定の目標」の「２％」という数字に頑なにこだわらないほうが良いと思われます。

［4］「政策の転換点」のコミュニケーション

供給サイドを重視した金融政策運営は難易度が高い

主要中央銀行は、インフレ率（賃金上昇率）と雇用増加の間に逆相関関係があるというフィリップスカーブの存在を前提に、金融政策運営を行ってきました。パンデミック後の欧米主要国では、プライムエイジの労働者の労働市場からの退出、退職者の増加など労働参加率の低下など、労働市場は構造的な人手不足となり、賃金と物価の悪いスパイラルが発生するリスクがあると警戒しました。

FedとECBは、「パンデミック、気候変動、国際紛争」という今回のような複数回にわたる供給ショックは、人々のインフレ期待を高める結果、「国内要因によるインフレ」に転換するリスクがあるとの認識から、景気の下振れリスクを承知で、2023年半ばまで金融引締めを継続してきました。日本経済が構造的な人手不足感という供給制約に直面していることを踏まえると、日銀は今後、「金融政策の正常化」の議論を深めていく際、欧米主要中銀の経験を活かして、構造的な人手不足など供給制約の強まりが賃上げ圧力を高めるリスクは意識しておく必要があります。

2023年12月のFOMC議事要旨──金融引締めの成果のアピール

2024年は、前年12月のFOMC議事要旨を受けて、米国の早期利下げ期待が修正され、円安ドル高で幕をあけました。このときのFOMC議事要旨で注目される部分は、以下の通りです。

- 金融引締めが経済と物価の下押し圧力となっている。
- 高インフレは家計（特に物価高を回避する手段をもたない家計）に負担をかけている。
- 2％のインフレ目標達成にはインフレ圧力の鈍化をもう少し確認する必要がある。
- サプライチェーンの正常化、労働供給の改善、移民の増加、生産性の向上、国内産原油の拡大が、供給要因によるインフレ圧力を鈍化させている（"They assessed that the contribution of improved supply had come from supply chain normalization, boosts to labor supply due to a higher labor force participation rate and immigration, better productivity growth, or increased domestic oil production."）。
- 引締め的な金融政策が金利感応セクターの需要を抑制している。
- 賃金上昇圧力が落ち着く兆しがみえる。
- 金融環境が緩和的過ぎてインフレ圧力が鎮静化しないリスクがある（"Many participants remarked that an easing in financial conditions beyond what is appropriate could make it more difficult for the Committee to reach its inflation goal."）。

２０２３年終盤は、米国要因で為替レートが大きく振動する現実を、再確認したとも言えます。米国のインフレ圧力が鈍化しない場合、Ｆｅｄは利下げに転じるタイミングが遅くなり、円ドル相場は再び円安方向に振れる可能性が高いと予想されます。金融市場は、欧米主要中銀の金融引締めは終焉し、利下げは「時間の問題」と予想されています。ただ、金融市場は２０２２年末も、２０２３年後半にはＦｅｄは利下げに転じると予想していましたが、大きく見通しを外しました。２０２４年の主要国の経済・物価情勢の不確実性は極めて高く、主要中央銀行の「政策の転換点」を巡る市場のコンセンサスは揺れ動くと予想されます。

興味深いことに、Ｆｅｄは２０２４年に入ってから、早期利下げ期待をけん制するコミュニケーションを行っています。Ｆｅｄは、パンデミック後のインフレ圧力がしつこいことや、米国経済が想定以上に底堅いことに驚いている様子です。

［5］日本も「有事対応」から「平時対応」の金融政策に

非伝統的政策を卒業した欧米中銀

パンデミック前、主要中銀は低インフレの長期化によってインフレ期待が２％を下回るリスクに対応して、短期政策金利をＥＬＢ（effective lower bound）まで引き下げた後、「緩やかな平均物価目標（Ｆｅｄ）」「資産買入れとマイナス金利政策（ＥＣＢおよび欧州の中央銀行）」「ＹＣＣとオーバーシュート型コミットメント（日銀）」など、低金利政策の継続をコミットする非伝統的政策を採用しました。その後、欧米主要中銀は、「パンデミック、気候変動、国際紛争」という供給ショックによる粘着性の高いインフレ圧力に対峙するため、２０２２年までに非伝統的政策を卒業し、「平時対応」の金融政策に戻りました。

「有事モード」から「平時モード」への転換といっても、かつての「平時」のような規模に、中央銀行のバランスシートを小さくすることは非現実的です。新しい「平時モード」への対応は、中央銀行だけでなく、国も事業会社も金融機関も迫られています。

もっとも、供給サイドの構造的な変化およびその持続力に理解を深めた欧米主要中銀にとって「不都合な真実」は、供給サイドで経済活動が決定されるケースが増えると、短期政策金利引上げによる経済のオーバーキルのリスクが高まるなど、金融政策の舵取りの難易度が上がることです。

一方で日本は、資産買入れ、フォワードガイダンス、マイナス金利政策の他、エクイティ性資産の購入やＹＣＣまで導入。非伝統的政策からの出口の煩雑さは、突出しています。振り返ってみると、グローバル金融危機以降、非伝統的政策は、金融緩和の波及経路の複雑化（貸出チャネルよりも資産価格チャネルや為替チャネルが大きな波及経路になった）、資産バブルの発生など金融システムの不安定化をもたらすなど、非伝統的政策の効果は過大評価されていたと思われます。

［6］ラジャン元インド準備銀行総裁の提言

第2章で紹介したインド準備銀行のラグラム・ラジャン元総裁が2023年3月、ＩＭＦの季刊誌に寄稿した論考（"FOR CENTRAL BANKS, LESS IS MORE"「過ぎたるは及ばざるが如し」）は中央銀行コミュニティーで話題となりました。ラジャン氏の問題意識は、「グローバル金融危機以降、中央銀行は、気候変動問題・資産価格の安定・財政政策など他のマクロ政策との連携・為替相場の安定・マクロプルーデンス政策など多くの問題に関与しています。つい最近まで、非伝統的政策によって、成長と雇用、さらには気候変動対応まで支えるヒーロー的存在であった中央銀行は現在、最も重要な責務である物価安定を実現できていないと非難されている。中央銀行は何を間違えたのか？　仮にそうであるならば、中央銀行はどうすべきなのだろうか」といったものです。ラジャン氏のコメントは、要約すると以下の通りです。

① より役割を絞った、より介入主義的でない中央銀行の方が、より大きな成果をもたらす。

② 中央銀行のマンデートを複雑化するメリットはなく、中央銀行の責務としては、第一義的に高インフレと闘うこと、第二義的には金融安定を維持することで、恐らく十分であろう。

③　経済への影響に疑問があり、信用や資産価格や流動性を歪め、出口の難しい量的緩和のような政策手段は避けるべきであろう。

④　日本の数十年にわたる低インフレが、日本の成長や労働生産性の伸びを鈍化させたわけではない。高齢化や労働力人口の減少がより大きな原因である。

［7］　政府と日銀の共同声明の未来予想図

「共同声明」――柔軟な金融政策運営を可能にすることに腐心した日銀

2013年1月22日、内閣府・財務省・日本銀行の連名で、「デフレ脱却と持続的な経済成長の実現のための政府・日本銀行の政策連携について（共同声明）」が公表されました[30]。11年前の「共同声明」を締結する際、日銀（当時の執行部）は、以下の点を強調しました。

①「共同声明」は、（拘束力の強い「政策協定」ではなく）あくまでも政府との「連携」であり、将来の金融政策を決定するのは将来の政策委員会メンバーであり、柔軟な金融政策運営を可能にしておきたい、②2％の「物価安定の目標」の達成期限を2年と明記することは回避する、③2％目標は「日本経済の競争力と成長力の強化に向けた幅広い主体の取組の進展」が前提であり、成長戦略や構造政策によって潜在成長率の上昇が展望できるまでは、目標の物価水準は2％よりも低いこ

とが含意されている、④金融面の不均衡の蓄積は回避する、という点です。

「共同声明」の作成に関わった当時の日銀メンバーは、「共同声明」の締結から11年を経過しても2％の「物価安定の目標」が達成できておらず、大規模な資産買入れを柱とする「量的・質的金融緩和」の導入後、潜在成長率が低下しているように、「物価下落が低成長の原因ではない」という日銀の考え方が国民に理解されたと判断しているはずです。潜在成長率が0％台半ば～後半の日本で、2％のインフレ・ターゲットを金融政策単独で持続的・安定的に実現することは困難であり、政府の構造改革や成長戦略が不可欠です。

「共同声明」の見直し――異次元緩和の総点検、デフレ脱却宣言が必要

第二次安倍政権の強い意思で誕生した黒田総裁は、政府・日銀の「共同声明」を受けて、2013年4月4日の金融政策決定会合において、「量的・質的金融緩和の導入」を決定しました。[31] 対外公表文には、「消費者物価の前年比上昇率2％の『物価安定の目標』を、2年程度の期間を念頭に置いて、できるだけ早期に実現する」と盛り込まれました。筆者は、仮に「共同声明」を微修正したところで、次期総裁が政府と調整して、自分なりの「共同声明」の解釈を行ってしまえば、金融政策運営は何とでもなるように思っています。

黒田前総裁は、「共同声明」に沿って10年近くにわたって金融政策運営を行ってきました。黒田総裁が（2022年11月まで）「現時点で政策修正は必要ない」と判断していた政府・日銀の「共同

声明」の本格的な見直しを行うのであれば、財務省・内閣府は異次元緩和の10年間の評価を、日銀の情報提供を受けつつ、少なくとも過去10年間、できればバブル崩壊後（過去30年間）の日本のマクロ政策運営について総点検し、なぜ潜在成長率の低下基調が続いているのかについて検証する必要があると思います。

その場合、現在の政府・日銀の「共同声明」に盛り込まれている、「（政府は）経済構造の変革を図るなど、日本経済の競争力と成長力の強化に向けた取組を具体化し、これを推進する」というアベノミクスの残された宿題について、具体的な政府の方針まで言及する必要が出てくるなど、第4章で議論したように、アベノミクスの功罪について踏み込んだ議論をする政府の覚悟も必要になると見込まれます。

政府のデフレ脱却宣言後、共同声明をどう取り扱うかは一つの論点

日銀は、２％の「物価安定の目標」を持続的・安定的に実現することを目指しています。ただ、国益の観点からは、２％のインフレ目標を総合的に判断できる余地が広がり、デフレ時にもインフレ時にも金融政策が有効に機能できるようにすることが適切です。新日銀法では金融政策の理念として「物価の安定」が明文化されていますが、重要なことは、繰り返しになりますが「物価の安定」は、「物価指数（ＣＰＩ）の安定」ではないという点です。

本書では専門的な議論に踏み込みませんが、ＣＰＩという物価指標に統計上の欠陥があることも

踏まえると、将来の課題は、①２０１３年１月22日締結の「デフレ脱却と持続的な経済成長の実現のための政府・日本銀行の政策連携について（共同声明）」の見直しや撤廃、②２％というインフレ目標をより柔軟なものにするか、③多面的に物価の動きを見極めることができる新しい物価統計データを開発するか、④潜在成長率が０％台半ばと推計され、革新的イノベーションがなければさらに低下する可能性が高い中、２％というインフレ目標は身の丈に合わない高すぎる水準でないか、などについて政府による「デフレ脱却宣言」の後、日銀と政府の間で議論が進むことを期待します。

［8］米国のデジタル・バンクランと連邦規制当局の対応

米国の中堅銀行の経営破綻に手厚い保護をみせた米連邦規制当局

２０２３年３月、米国の中堅銀行であるシリコンバレー銀行（ＳＶＢ）とシグネチャー銀行の経営破綻、さらにグローバルなシステム上重要な銀行（Ｇ－ＳＩＢｓ）の一角であるクレディ・スイスの経営不安というニュースに、多くの市場参加者は驚かされ、金融市場の緊張感は一気に高まりました。

米連邦規制当局が、シリコンバレー銀行やシグネチャー銀行の預金の全額保護を決定した背景は、「金融不安の連鎖」が金融システム不安に発展するリスクに加え、テック系や仮想通貨関連業種のスタートアップ企業の資金調達コスト上昇、選別化の流れが強まった場合、米国経済のイノベーションの芽を摘み取るリスクがあると判断し、モラルハザードを承知で手厚い対応をみせたと判断されます。

中央銀行の主要な業務は、「物価の安定」と「金融システムの安定」ですが、二つの中堅銀行の経営破綻が金融不安の連鎖につながった場合、Ｆｅｄは「物価の安定」というマンデートに対応できなくなり、インフレ圧力の抑制が中途半端に終わるリスクがありました。２０２４年元日の能登半島地震など激甚災害が発生した際に日銀が、「金融政策の正常化」よりも、決済システムの安定を優先したことも同じような判断があると思います。

２０２４年１月31日には、銀行持ち株会社ニューヨーク・コミュニティ・バンコープ（ＮＹＣＢ）の２０２３年10〜12月期決算が想定外の赤字となったことで株価が急落しました。同行は、２０２３年３月に経営破綻したシグネチャー銀行の預金を一部買い取った中堅の地銀です。米国は、①地域金融機関の数が多いこと、②米商業用不動産市場の調整局面が続いていること、③ＦｅｄがインフレÅ抑制のために高金利政策を続けていることから、今後も中小の金融機関の経営破綻のリスクが懸念されます。

歴史的に、「強すぎる米ドル」と「高すぎる米国の実質金利」が組み合わさった場合、ドル建て債務が多い新興国を含め、金融システム不安が高まるケースが少なくありません。米国の銀行システムは健全ですが、２０２３年のように米国の中小の金融機関が破綻した際、米連邦規制当局は、預金を全額保護する異例の対応を取りました。しかし、預金保険機構の余力に限界があるため、今後は同じような政策対応はとれないと思います。パンデミック後、新興国や途上国の景気回復力も弱いため、Ｆｅｄはインフレ圧力が緩和すれば、「金融システムの安定化」のために利下げを検討することになると思われます。

連邦規制当局は、２０００億ドル超の資産を持つ金融機関（シリコンバレー銀行）を、「流動性の問題」を理由に破綻させるべきではないと判断しました。シリコンバレー銀行は、短期間かつテック系のスタートアップ企業を中心とするコーポレート預金を獲得してバランスシートが急拡大した地域銀行です。米金融当局は、システミックリスクに発展するケースではないとの認識で、Ｆｅｄのストレステストやバーゼルの流動性テストの対象になっていませんでした。

同行の負債資産構造をみると、①負債サイドは、ベンチャーキャピタルの資金に強くバイアスがかかっている、②資産サイドは、期間リスクをとって米国債・ＭＢＳに投資しており、Ｆｅｄの金融引締めの影響を受けやすい、③一旦ベンチャーキャピタルの預金が流出し始めると大量の資金流出リスクがあるなど、「期間のミスマッチ」が大きい脆弱なビジネスモデルです。連邦規制当局はシリコンバレー銀行が抱える潜在的なリスクについて指摘しておくべきでした。

連邦規制当局は、シリコンバレー銀行の預金流出が健全な金融機関にも波及する「質への逃避」を未然に防ぐため、迅速に対応しました。米財務省・Ｆｅｄ・米連邦預金保険公社（ＦＤＩＣ）は２０２３年3月12日、シリコンバレー銀行の破綻について共同声明を公表。イエレン米財務長官は

（バイデン米大統領と協議の上）預金者を完全に保護する手法で、破綻処理を完了する措置を承認。Ｆｅｄは、２０２４年３月11日までの時限措置として、米銀（ＦＤＩＣ傘下金融機関）の資金繰りを支援する新たな枠組み（銀行タームファンディングプログラム［ＢＴＦＰ］）を導入しました。そして先に触れたように３月12日には、ニューヨーク州を基盤に暗号資産関連企業との取引で知られるシグネチャー銀行も経営破綻。システミックリスクを防ぐために同行の預金が全額保護されることになりました。

連邦規制当局の対応に関する論点

米財務省・Ｆｅｄ・ＦＤＩＣは、シリコンバレー銀行の経営破綻に伴う最悪のリスクに備えた緊急措置を公表しました。今回の連邦規制当局の対応についての論点は、以下の通りです。

- **預金流出の連鎖リスク**　今回の緊急措置にかかわらず、預金流出が他の銀行へ連鎖するリスク（"contagion risk"）がある。
- **モラルハザードの問題**　今回の全預金者保護のスキームは１年間の時限措置。ただ、適格担保を持ち込めば額面で１年間の融資をＦｅｄから受けられる。将来の金融不均衡（資産バブル等）をもたらす潜在的リスクがある。
- **連邦規制当局による検査・監督上のミス**　ＦＤＩＣなど連邦規制当局は、Ｆｅｄの利上げによって米銀の資産ポートフォリオに6000億ドルを超える含み損があることは理解していた。規制当局は、米銀の金利リスクの監督を強化すべき。シリコンバレー銀行のビジネスモデルの脆弱性を踏まえると、事前にストレステストを実施していなかった批判は免れない。

●「システミックリスクがある事例」の認定基準　今回のシリコンバレー銀行等の経営破綻の教訓は、金融機関の資産規模にかかわらず、規制当局は監督・規制上の見逃しがあると、"too big to fail"の対応を迫られる可能性があること。ただ、FDICは、シリコンバレー銀行とシグネチャー銀行の破綻について、「システミックリスクがある事例」と認定する明確な根拠や基準を示していない。連邦規制当局は、今後の中規模な金融機関の破綻処理に対応するため、「預金のヘアカット」ルールなど何らかの基準作りの議論を深めるべき。

●金融政策に与える影響　Fedは、シリコンバレー銀行に対する規制・監督の甘さを批判されるべき。Fedの建付けは、プルーデンスウイングと金融政策は別次元。パウエル議長は議会証言で、労働市場の堅調さとインフレ圧力の強さを強調。シリコンバレー銀行の経営破綻が、深刻な金融システム不安や景気後退の引き金にならない限り、個別金融機関の経営破綻を受けて、金融政策のスタンスを大きく修正すべきではない。インフレ圧力を放置すると、「物価の安定」と「雇用の最大化」という二つのマンデートの達成が難しくなる。

中堅米銀の経営破綻と、クレディ・スイスというG－SIBの経営不安は、直接的にリンクするものではないものの、金融市場において「金融危機の連鎖」に対する不安が断ち切れない中、米連邦規制当局（米財務省、FDIC、Fed）が3月12日、シリコンバレー銀行の非付保預金についても保護する（預金の全額保護）との声明文（その後、シグネチャー銀行の預金も全額保護）を公表し、スイス当局であるFINMA（スイス金融市場監督機構）とスイス国立銀行（中央銀行）が3月15日、「クレディ・スイスは、G－SIBsに課されている資本規制および流動性規制を満たしているが、必要があればクレディ・スイスを資金供給で支援する」という内容の声明文を公表しました。

米国とスイスの金融当局が迅速に行動に出たことは、2008年のグローバル金融危機、2012年の欧州通貨危機の教訓（“too big to fail”の大手金融機関を破綻させると、世界的な金融危機に発展する）や、成功体験（ドル資金供給オペなど国際協調）が活かされており、高く評価できます。金融不安の連鎖への懸念から、金融市場が不安定な動きを続ける中、以下の良いニュースが伝わりました。

- **中央銀行による流動性供給**　クレディ・スイス・グループは3月16日、スイス国立銀行（SNB）から最大500億スイスフランを調達する用意があると発表。
- **奉加帳方式**　米大手11行は3月16日、米中堅銀行ファースト・リパブリック銀行への300億ドルを預金の形で支援することを公表。
- **欧州中央銀行（ECB）による「物価の安定」および「金融システム安定」への強いコミット

メント　ECBは3月16日の定例理事会で50ベーシスポイント（bp）の利上げを決定すると同時に、金融システム安定のために必要であれば流動性を供給する用意があると表明。ただ、今後の金融政策運営は「データ次第」とトーンダウン。

「信用」と金融当局の国際連携で成り立つ金融機関経営

G－SIBであるクレディ・スイスの経営不安が再燃するという想定外の展開になったことで、世界の規制・監督当局の緊張感は一気に高まりました。スイス政府と金融当局（FINMA）とスイス国立銀行（中央銀行）は、世界的な金融危機を発生させないためとはいえ、スイス金融最大手UBSが、クレディ・スイスの買収合意を後押しするなど、次々に厳しい政治的判断を下しています。

もっとも、潜在的なリスクの全貌がみえない中、金融市場では、「金融危機の連鎖」に対する不安がなかなか断ち切れません。金融市場のストレスが続く中、イエレン米財務長官は3月21日、「広義の米国の銀行システムを保護するための連邦規制当局の介入は正当化できる（"Our intervention was necessary to protect the broader US banking system."）。今後、中小の金融機関が預金流出に陥るならば、預金保護が正当化されうる」と表明。

デジタル社会の進捗とSNS普及――瞬時に預金流出が発生

過去の金融機関の破綻は全て「流動性（liquidity）の問題」に起因します。シリコンバレー銀行も例外ではありませんが、デジタル社会の進捗とＳＮＳの発達が経営環境を急変させる「新しいタイプ」です。すなわち、預金が瞬時かつ大量に流出入する可能性が高まり、預金債務の急激な変動に資産側の対応が追い付かないためにＡＬＭ（Asset Liability Management）が難しくなる新しい時代に入っています。金融当局にとっては、「預金の粘着性」と「金利リスクに対する目配せ」について従来の常識が通用しなくなっていることを示す事例と言えます。

破綻および預金流出は、「市場の失敗（マネジメントの不手際等）」よりも、「当局の失敗」、すなわち連邦規制当局（ＦＤＩＣ、Ｆｅｄ、米財務省）による規制・監督上の不手際（デジタル社会に対応できていない古い体制）が批判されても仕方がないと思います。連邦規制当局は、中堅の米銀の金利リスクおよび流動性リスクの監督を強化すべきでした。シリコンバレー銀行は厳格なストレステストが免除されている「レベル４」の中堅銀行でしたが、そのビジネスモデルの脆弱性とユニークさを踏まえると、連邦規制当局（特に、サンフランシスコ連銀）がオンサイトおよびオフサイト・モニタリングを強化していなかったことへの批判は免れません。

金融機関の流動性リスク管理については、日銀は過去の経験もあり、他の主要中銀よりも一日の長があると思います。Ｆｅｄは、パウエル議長に続き、バー副議長（金融監督担当）もＦｅｄの銀行規制・監督を強化する必要性に言及しています。なお、２０１９年のドッド・フランク法のロールバックに伴い、シリコンバレー銀行は経営破綻時点では、規制・監督における「レベル４（"Category IV" bank）」の金融機関に分類されています。

インフレ圧力抑制を最優先した欧米主要中銀、スイス国立銀行

２０２３年３月21日・22日開催のＦＯＭＣの解釈を巡って見解が割れているようです。欧米主要中銀が、「物価の安定」と「金融の安定」の適切なバランスを取るというジレンマに直面していることは確かですが、金融市場で「金融不安の連鎖」への懸念から混乱する中、ＥＣＢが50ｂｐの利上げに続き、Ｆｅｄは25ｂｐの利上げ、イングランド銀行（ＢｏＥ）とノルウェー中銀（Norges Bank）は25ｂｐの利上げ、スイス国立銀行は50ｂｐの利上げを相次いで決定しました。欧米主要中銀は、「物価の安定」と「金融の安定」のトレードオフに直面する中、毅然として、インフレ圧力抑制を優先しました。

もっとも、ボトムラインには、長期間にわたる過度な金融緩和による、①粘っこいインフレ圧力に対する認識共有、②資産価格の上昇（資産バブル）、③民間（および公的）債務の膨張の一方で、④「金融不安の連鎖」への懸念、⑤「金融不安の連鎖」によるクレジット環境の著しいタイト化、という環境下、サプライズかつ大規模な利上げに慎重にならざるを得ないという認識がセントラルバンカーの間で共有されていることが読み取れます。

Ｆｅｄを事例にとると、①「銀行システムは健全である」と言及、②金融機関の監督と規制の問題はバー副議長のリーダーシップで対応する、③ＳＥＰで示されているように、ＦＯＭＣメンバーは２０２３年内の利下げを想定していない、④一連の「金融不安の連鎖」によって、金融環境はタイト化した、⑤インフレが再加速すれば、さらなる引締め措置が必要になる可能性にも言及してお

り、基本的にタカ派姿勢を維持しています。イエレン米財務長官は、Ｆｅｄが「物価の安定」というマンデートに注力できる環境を提供するための努力は惜しまないと予想されます。

米国の中堅銀行から流出した預金の受け皿――ＭＭＦ、大手米銀への預金

米国では、中堅・中小の金融機関からの預金流出がとまりません。流出した預金の受け皿のうち、①大手銀行への預金流入が半分、②ＭＭＦへの資金流入が半分、という状況です。シリコンバレー銀行の経営破綻を受けてＦｅｄが新たに3月12日に導入した緊急融資枠（銀行ターム・ファンディング・プログラム）は、導入から10日経過した3月22日時点で５３６億ドル（7兆円相当）にとどまります（金融機関が活用することへのスティグマがあることを示唆）。

連銀貸出は3月22日時点で１１０２億ドル。米連邦預金公社（ＦＤＩＣ）は通常、25万ドルまで預金を保護されていますが、連邦規制当局は（シリコンバレー銀行の経営破綻を受けて1年間の預金の全額保護とは別に）緊急時にＦＤＩＣの預金保険を一時的に拡大するための法的枠組みを議論しましたが、下院共和党は反対姿勢でした。頭の体操として考えておくと、日本において、仮に米国の中堅銀行の経営破綻の一因になった預金の大量流出が突如発生した場合、その資金の受け皿は乏しい状況です。２０１６年1月29日にマイナス金利政策の導入以降、日本にはＭＭＦという短期金融資産の受け皿はありません。

シリコンバレー銀行の経営破綻が日本に与える教訓として、資金循環統計によれば、家計の金融

資産2121兆円（2023年9月末現在）のうち現金・預金のウエイトは52・5％と高水準です。上限1000万円まで預金保険でカバーされていますが、現預金を保有する傾向が強い国民性を考えると、預金保険制度の見直しの議論をスタートすべきだと思います。2023年6月末現在の家計の金融資産に占める現金・預金比率は、日本が54・2％と、米国（12・6％）やユーロエリア（35・5％）を大幅に上回っています。[32]

過去の金融機関の破綻は全て「流動性の問題」に起因

繰り返しになりますが、金融機関の過去の経営破綻は全て「流動性の問題」に起因しています（自己資本比率の維持など資本増強策はその一部という認識）。シリコンバレー銀行の場合は、巨額なコーポレート預金の流出と、「期間リスク」をとった米財務省証券とMBSの運用の失敗によって経営破綻につながったという観点では、「流動性の問題」に起因するところが大きいと思われます。筆者の推察ですが、シリコンバレー銀行のALM運営は、「期間リスク」をとった米財務省証券・MBSへの投資、あるいは、急激に膨らんだ預金債務に資産側の対応が追い付かなかったという報道もあり、いつの間にか、ロング・デュレーションの債券投資が行われた可能性もあります。

2023年4月以降、米国における「金融不安の連鎖」は落ち着きをみせました。しかし、「日本発の金融危機は絶対に起こさない」という日本の金融当局の強い意思を目の当たりにしてきた日本の金融マンの常識に照らすと、（Fedのバー副議長が言うように）杜撰な経営を行っていたシリコンバレー銀行の存在を知りながら、その経営陣に対して「金利リスク」の取り過ぎと、「流動性リスク」の脆弱性を指摘して、早期是正措置を求めなかった連邦規制当局の規制・監督体制の不備を露呈しました。

また、想定外のシリコンバレー銀行の経営破綻に動揺し、預金の全額保護を発動する連邦規制当局の対応は、米国発の金融危機を未然に防ぐための「迅速な対応」と言えるものの、以下の疑問が残りました。

① 連邦規制当局はオンサイト&オフサイト・モニタリングによって中小の金融機関の「流動性リスクの管理」を十分にできていないのではないか。

② パウエル議長が当初、コストプッシュ型のインフレ圧力なので「インフレは一過性」と指摘していたことから、デュレーション・リスクをとった債券ポートフォリオを構築していた米国の中小金融機関が多かったと言われる中、シリコンバレー銀行のように「金利リスク」のマネジメント失敗を事由に経営が行き詰まる事例が今後も出てくるのではないか。

こういった疑心暗鬼となるのは自然だと思います。米国の商業用不動産市場は調整圧力を受けており、米国内での「金融不安の連鎖」が再燃するリスクは否定できません。米国の銀行システムは霧が晴れるまで時間を要しています。また、モラルハザードを回避するためには、連邦規制当局は、今後の中規模な金融機関の破綻処理に対応する目的で、（ペイオフではないにせよ）「預金のヘアカット」ルールなど何らかの基準作りの議論を深めるべきです。

▼第7章のまとめ

日銀は、インフレ率を2％の「物価安定の目標」を持続的・安定的に実現することを目指しています。政府による「物価高対策」があっても、全国のコアCPIが前年同月比で2％を超えている現状は、「パンデミック、気候変動、国際紛争」という供給ショックを起点とするインフレ圧力は、人手不足感による持続的な賃上げ圧力、価格転嫁率の上昇、企業の価格設定行動の変化（製品の付加価値を上げて値上げを実施）など、粘っこい「複合インフレ」に発展しているように思われます。

エピローグ

日本社会の課題

The Compound Inflation

金融サービス業の将来展望――資産運用サービス、富裕層ビジネスが鍵

ウィズコロナ局面を乗り切るために、事業会社は、①流動性確保の力、②キャッシュフロー創出力、③資本力（資本の厚み）の三つが重要でした。これらは、いずれも金融機能を活用することが有効です。事業会社は自らのビジネスを熟知する金融機関との業務提携等によって金融機能のレバレッジを高め、競合相手の事業会社よりも一足早く「新常態」へ移行することが可能になります。

- 上記の①は「企業金融の円滑化」。預金取扱金融機関は資金繰りに苦しむ事業者に対する投融資を伸ばす好機でした。
- 上記の②と③については、事業会社が金融機能を上手く活用することで事業全般の見直しや効率化を目指す上で、投資銀行は業界再編や社債・株式発行など資本市場における資金調達、M&Aなどアドバイザリー業務、資本性資金の提供等に収益機会がありました。
- 非金融セクターの様々な課題を解決するためには、金融機能を駆使することが有効。事業会社はDX&GXのみならず、顧客サービス、働き方改革、オフィスのあり方の見直しなど業務全般のトランスフォーメーションを迫られています。

ポストコロナ時代は、企業の新陳代謝、経済を牽引する業態の変化、DXなど業務全般の変革を実現するために、金融機能を活用することが重要となります。今後、金融サービス業の事業会社へ

のアプローチはよりダイナミックなものになると見込まれ、ビジネスチャンスは広がると思われます。

もっとも、グローバル金融危機（2008年）、パンデミック（2000〜2022年）のさなかには、それぞれG－SIBの経営破綻が発生しました。また、米国の中堅銀行であるシリコンバレー銀行やシグネチャー銀行の破綻は、デジタル化時代の経営破綻の事例として、金融規制当局にとって経験のない事例であったことから、欧米主要国では、銀行監督を強化する方向にあると思われます。また、米中の対立、ウクライナ戦争、対ロシア制裁など、ディグローバライゼーションの潮流によって、クロスボーダーのM&Aに慎重になる事業会社が増えてくると見込まれます。その中、大手銀行は、リスクが比較的低い富裕層ビジネス、資産運用サービスに力を入れるように思われます。

資金繰り支援よりも資本性資金の提供が期待される局面

日本の金融システムは頑健です。また国際的にユニークな存在です。大手邦銀は自己資本比率が高く、財務体質は強固です。ポストコロナで成長期待の高い企業に十分な資金提供が可能です。もっとも、大手邦銀は時価総額や収益力の両面で欧米のG－SIBに見劣りするため、国内外でのM&A事業、スタートアップ企業への資本投入など、収益性の高いビジネスに注力すると思われます。日本の金融システムが安定していることは、2024年以降の日本経済を見通す上で、極めてポジティブな要因です。

経済活動が平時に戻った現在、本邦の民間金融機関には、企業への資金繰り支援よりも、取引先の事業会社に対して、事業再生や成長力強化につながる経営戦略の提案に次第にシフトすることが期待されます。例えば、①不採算事業からの撤退、②事業継続性のない企業には事業継続の断念、③業種を超えたM&Aの提案、④資本不足に陥っている企業に対する資本性資金の提供、などです。

金融機関の目利き力は、企業の真の信用力を反映した金利水準で資金提供ができる場合、より効果を発揮しますが、現状には課題があります。①日銀の大規模金融緩和が長期化し、超低金利政策が継続されている結果、民間金融機関の事業会社向け融資は対象企業の信用力に見合わない低金利で行われていること、②実質無借金企業が多く、金融機関が低金利で企業向け融資を出したいという思惑が働きやすいことなどです。このため「企業の信用力を反映した貸出金利」が十分形成されているとは言えません。クレジット市場が不健全で、信用スプレッドが縮小し過ぎているため、企業は資金調達に困らず、企業の新陳代謝がなかなか進みにくい状況と言えます。

自国通貨の価値を安定させることの重要性――円安との長い闘い

米国の中央銀行であるFedは（インフレ期待が2%のインフレ目標にアンカーされている限り）時間をかけながら2%のインフレ目標を達成させるため、長期間にわたって中立金利を大幅に上回るＦＦ金利誘導目標を維持する可能性があります。その場合、以下のような展開が予想されます。

① 日本の通貨当局による為替介入は時間稼ぎに過ぎないと同時に、米国要因によって日米金利差が縮小するとの期待が持てない中、円安ドル高方向の圧力が残り、「円安との闘い」は長期戦になる。

② 日銀は将来的に、「物価見通しに基づくフォワードルッキングな政策運営を行う用意がある」とのシグナルを送らないと、円安圧力は強まるリスクがある。

③ ２％の「物価安定の目標」を持続的・安定的に達成できた場合を念頭に、金融政策の予見性を高めるロードマップを示すことは日銀にとってもマイナスにならないと思われる。

④ 財政健全化の道筋が描けない限り、円安圧力は継続する。

⑤ ソブリン格付けの引下げなど、取り返しのつかない事態を招かないため、「債務の持続可能性」への政府のコミットメントは必要である。

グリーン社会の実現に向けて――サステナブル・ファイナンス

繰り返しになりますが、日本は脱炭素化を実現するため、本邦企業は１５０兆円の資金調達をする必要があります。特に、ブラウン経済からグリーン社会への移行期における資金調達、ＧＸ実現に向けたイノベーションのための資金調達は不可欠です。前者は、トランジションボンドの発行、後者は、サステナブル・ファイナンスの市場育成がカギを握ります。第3章で触れた岸田政権の「GX実現に向けた基本方針」では金融に関して、GX経済移行債を活用した先行投資支援や成長志向型カーボンプライシングによるGX投資のインセンティブ、新たな金融手法の活用（トランジション・ファイナンスに対する国際的な理解醸成、サステナブル・ファイナンス推進のための環境整備）などが挙げられています。サステナブル・ファイナンス市場を拡大させるためにも、「金利のある世界」が実現し、右肩上がりの国債イールドカーブの形状で適度なボラティリティーがある国債市場、および企業の信用力が適切に反映されたクレジット市場に回帰させることが重要です。

財務省は2024年2月15日、脱炭素化に向けた移行期の資金調達手段を確保するため、GX経済移行債を世界初の「クライメート・トランジション利付国債」（CT債）として発行しました。CT債は少しグリーニアム（グリーンボンドのプレミアム）がついて無事に入札できたと評価されます。ただ、国が企業の代わりに資金調達している感がありますが、より重要なことは、言うまでもありませんが、以下の通りです。

① 日本企業がトランジション・ボンドを革新的なイノベーションにつなげる形で、積極的に活用していくのか。
② 欧米投資家から、日本政府がグリーンウォッシュに加担しているという誤解を受けないように情報発信する他、調達した資金をグリーン社会の実現に資する形でできる限り活用できるか。

③　ＧＸ経済移行債を活用する産業が広がりをみせること。

あえて言えば、「右肩上がりのイールドカーブと適度な金利変動は資本主義のインフラ」であることを踏まえ、日銀が曲がりなりにも「金利のある世界」を作り、ＣＴ債を含むクレジット市場が正常に機能させる政策運営を心がけることができるか。

日本経済の長期停滞――ポピュリズムの蔓延

日本経済の長期停滞の根底には、ポピュリズムの蔓延によって、バブルが崩壊した１９９０年代頃から指摘されていた中長期的な政策課題に抜本的な政策対応を怠ったことが、「失われた30年」「30年にわたるデフレ」という状況を招いていると筆者は理解しています。そうした中で、パンデミックや気候変動を巡る国際的な議論、ウクライナ戦争・中東情勢・米中対立など国際紛争に直面していよいよ苦しくなり、課題の先送りを一般国民が深く実感するきっかけになったと思います。

日本政府は、以下のように課題が山積しているにもかかわらず、旧態依然の財政刺激策を発動するならば、「財源論」を踏まえて国民に優先順位を示すべきですが、それを怠ってきました。

①　防衛力の強化

②　医療改革、明確なデータとエビデンスに基づいたパンデミック対応

③　電力安定供給、地理的ハンディに即したエネルギー政策の構築（再エネ・水素など革新的イノベーション促進）
④　土砂災害・水害対策を柱とする環境対策
⑤　人口減少社会に適応した社会保障政策の再構築、少子化対策
⑥　人への投資、労働市場改革、DXとGX分野における雇用機会創出

政府は、国民に「不都合な真実」を述べる勇気が必要

金融政策や財政政策が国民の支持を得るための前提として、その政策が生活にどのような影響を及ぼすのかを国民がしっかり理解することが非常に重要です。今般の岸田政権の減税・給付金が国民の支持を得ていない理由は、選挙対策であることが有権者に見透かされているばかりでなく、財政収支悪化の皺寄せがいずれは若い世代に及ぶと見通され、将来への不安を喚起しているからだと思います。

岸田政権による2023年11月の総合経済対策の柱の一つは「物価高対策」ですが、減税・給付金と異なり、社会への効果はそれほど自明ではなく、例えばガソリン補助金を2024年4月まで継続することについては丁寧な説明が重要です。そもそも、財政余力が低下する中、総合経済対策は、①適切な原因分析にたって将来を見据えたものである、②費用対効果の観点から、経済合理性がある、必要があります。政府には、所得再分配の役割がありますが、バブル崩壊後、財政刺激策

を発動してきた歴史を振り返り、民間企業や家計の自助努力に任せるべきです。

長めの時間軸でみた日本の課題

長い時間軸でみた場合、日本経済の最大のチャレンジは人口動態の変化です。生産年齢人口が1995年をピークに減少に入る中、医療・介護・教育などエッセンシャルワーカー、家事代行サービス・トラック運転手など人材確保は困難を極めると見込まれ、もはや成果に応じた賃金体系、高齢者と女性の労働参加率引上げでは対応ができなくなります。①外国人労働者の受入れ増加、②飲食・宿泊業におけるロボットの活用、③少子化対策、④異常気象への対応は、避けては通れない課題です。

地方自治体が行政サービスの提供を継続するには、国土計画を見直し、コンパクトシティ構想を加速化させ、最寄り駅周辺に病院、学校、スーパーマーケット、市役所に加え、住民の移動・移住を促進することも必要になるように思います。就職や教育機会を考えると、首都圏への人口集中は不可避です。地方分散を誘導するならば、異常気象で水害・大雨・台風・竜巻・地震等が頻発する気象条件を念頭に、人口20万人サイズの地方都市に移住を促す政策も検討すべきでしょう。

日本経済の安定成長を考えた場合、①ランサムウェアなどサイバーテロ対策、②人口動態対策（外国人労働者の受入れ、接客ロボット開発に向けたR&D）、③「社会の持続可能性」を維持する観点からの「財政の持続可能性」「債務の持続可能性」、④成長産業の政府支援（宇宙、AI、防衛産業)、⑤リショアリング(最先端半導体、遺伝子工学)、⑥AIの規制のあり方など、課題は山積しています。

リショアリング(企業がこれまで海外にアウトソーシングしていた経済活動を本国に戻す)については、多額の出費をして海外生産、海外プロジェクトを立ち上げたものを放棄することになり、巨額の費用(サンクコスト)が生じるリスクもあるため、選別的に行う必要があります。生産年齢人口が減少に転じる日本では、金融力を活かしたイノベーションは極めて重要です。世界のプラットフォーム企業をみると、勝者総取りの独占・寡占ゲームの勝利者となっている構図が見て取れます。国策として、プラットフォーム企業を複数育成できると、日本の資本市場をみる外国人投資家の視線も変化するように思われます。

おわりに――社会の持続可能性と金利のある世界

日本は近い将来に、「財政（債務）の持続可能性」が懸念されるような状況ではありませんが、政府は「社会の持続可能性」「金利のある世界」をキーワードに、経済安全保障（エネルギーと食料の安定的な供給確保）、財政余力の低下を前提とした「マクロ政策の最適な割当て」について、国民に選択肢を示しながら議論を深めていくことが、益々重要になってきます。

日本の潜在成長率は＋0・7％程度まで低下しています。名目ＧＤＰの世界ランキングで、日本はドイツに抜かれ、世界第4位に転落しました。今後も、人口が多い発展途上にある国の名目ＧＤＰが日本を上回ることは時間の問題です。しかし、名目ＧＤＰは他国と比較する数値の一つに過ぎません。政府は、未成熟でも人口が多い国が良くみえる「（相手の）土俵」で勝負するのではなく、日本の強みを国内外でアピールする努力が必要です。

例えば、日本は世界で最も治安が良い先進国の一つで、国民は豊かな生活水準を享受しています。より本質的な課題は、日本が超高齢社会の成熟国として今後も豊かな生活を維持することです。そのためには、「現状維持」や「内向き」の志向ではダメであり、この点は誰も異論はないはずです。政府は、「ポストコロナの経済構造」を見据えたデジタル化、グリーン成長戦略、財政再建・構造改革のあり方など国家戦略の議論を深める必要があります。人口減少社会が続く中、国会議員・地方議員の定数削減が国民的な議論になる可能性があり、政治は身を切る覚悟が必要です。

２０２４年の金融市場を展望した場合、鍵を握るのは、米国経済動向、Ｆｅｄの金融政策、米国長期金利の推移と米商業用不動産市場の動向です。また、２０２４年の最大の不確実性は、米大統領選挙の行方です。仮にトランプ氏が米大統領になった場合、国際政治・地政学的リスクについては予測可能性が低い状況です。筆者は、トランプ氏は前回の4年間の任期と同様、富裕層に資する経済政策運営を行うと推測しています。

悩ましいのは、ＮＡＴＯ、ウクライナ戦争、ロシアとの距離感です。通商政策面は、バイデン大統領がトランプ政権時代の対中強硬姿勢を引き継いでいるため、大きな混乱は回避できると期待されます。一方で、仮にトランプ氏がガザ地区（イスラエルとハマスの対立）の問題でイスラエル寄りの立場をさらに鮮明にした場合、イランと米国の対立へと発展するリスクがあり、日本と欧州にとって頭が痛い問題です。また、トランプ氏が大統領に就任した場合、ウクライナへの軍事支援は途絶えるリスクがあり、ＥＵ諸国はウクライナ支援を巡って内部対立が深まる可能性が高まります。一方で、ファンダメンタルズや金融政策に関する議論は、２０２４年2月時点で以下のように考えています。

- **米国経済**　市場コンセンサスよりも底堅い。景気減速よりも巡航速度を続ける。
- **Ｆｅｄの金融政策**　米国のインフレ率が、２％のインフレ目標近辺に低下することを確認するため、２０２４年前半は政策金利を現行の５・25～５・50％に据え置く可能性が高い。ハト派のＦＯＭＣメンバーも２０２４年２月現在、最初のＦｅｄの利下げは２０２４年後半以降という情報発信が増えている。Ｆｅｄの早期利下げを織り込んで２０２３年末に低下していた米国長期金利は年明け後、緩やかに上昇しているように、金融市場でもＦｅｄの金融政策運営についての見通しが変化している。

●**日銀のマイナス金利政策の解除**　トランプ氏が大統領に再選されることに伴う不確実性に比べれば、日銀のマイナス金利政策の解除は、追加利上げの議論がセットでない限り、金融市場に大きな影響を与えないと思われる。日銀が「金融政策の正常化」を進めないと、円安ドル高が再加速するとの警戒感は引き続き多く、日銀が多少引締め方向に政策修正しても、①日本の国力低下、②脱炭素を目指すエネルギー政策へのシフト、などを念頭におくと、中長期的な円安ドル高圧力は持続性が高いように思われる。

謝辞

本書は、大部分が書き下ろしであるが、筆者がこれまで書いてきた論考やマーケット分析レポートの一部を加筆修正、経済情報をアップデートした内容を含んでいる。

筆者は、米国東海岸で経済学の Ph.D. を取得する過程で、全米経済研究所（ＮＢＥＲ）で客員研究員として3年間働かせていただいた際、米国の経済学の最先端の研究をする著名な教授から多くの刺激を受けると同時に、各種の委託プロジェクトの共同研究を通じて経済理論や計量経済学が米国連邦政府のマクロ政策運営を決定する上で想像をはるかに超えて役立っていることを肌で感じる機会を得た。20代後半に帰国後、国内外の外資系を中心とする証券会社で勤務したが、大半の期間は、国債市場の調査分析や予測ビジネスに関わってきた。本書に書かれている内容が多岐にわたっているように、金融市場関係者の他、国債管理政策を担う財務省理財局、エネルギー政策を担う経済産業省・資源エネルギー庁、金融監督を担う金融庁など霞が関の主要官僚の皆様と多くの貴重な意見交換を積み重ねてきた。そのキャリアの賜物が本書である。

２００４年12月〜２００９年12月までの5年間、日銀の政策委員会審議委員を務めた際、日銀の諸先輩や数多くのスタッフから金融政策の立案や決定プロセスに限らず、セントラルバンカーの心得、特に決済機構局・業務局・発券局・システム情報局を中心とするミドルオフィス業務の重要性を理解する貴重な機会を得た。また、日銀の業務を円滑に行う上で、財務省・金融庁との協調、政治と金融市場との円滑なコミュニケーションの重要性、そして「物価の番人」として国民に対して重い責任を担っていることに対する理解が深まった。

本書を書き上げる過程で、数多くの日本銀行ＯＢから貴重なアドバイスをいただいた。この場を借りて、謝意を申し上げたい。特に、一橋大学大学院経済学研究科・経済学部の関根敏隆教授には米国の主流派エコノミストの理論が主要中央銀行の金融政策のフレームワークと理論構築に与えた影響、慶応義塾大学経済学部・大学院経済学研究科の白塚重典教授には非正統的金融政策の概念整理、大阪経済大学経済学部の高橋亘教授には「物価の安定」に関する概念整理、大阪経済大学経済学部の福本智之教授には中国経済の見通し、愛宕伸康・楽天証券経済研究所チーフエコノミスト（東京財団政策研究所主席研究員）には新日銀法下でボードメンバーに期待される役割、そして山岡浩巳・フューチャー株式会社取締役には「金融サービスの発展は情報・データ技術と一体」という整理から中銀デジタル通貨（ＣＢＤＣ）に至る決済ビジネスの歴史と将来展望について筆者の視野を広げてくれました。

［注］

1 翁邦雄：『日本銀行』（ちくま新書、2013年）

2 日本銀行：植田和男総裁「金融政策の基本的な考え方と経済・物価情勢の今後の展望」（内外情勢調査会、2023年5月19日）

3 日本銀行：「『量的・質的金融緩和』導入以降の経済・物価動向と政策効果についての総括的な検証」（2016年9月21日）

4 マーカス・K・ブルネルマイヤー著、立木勝・山岡由美訳：『レジリエントな社会――危機から立ち直る力』（日本経済新聞出版、2022年）

5 中小企業庁：「価格交渉促進月間（2023年9月）フォローアップ調査の結果について（速報版）」（2023年11月28日）

6 内閣官房・公正取引委員会：「労務費の適切な転嫁のための価格交渉に関する指針」（2023年11月29日）

7 福本智之：『中国減速の深層』（日本経済新聞出版、2022年）

8 RAGHURAM RAJAN：“FOR CENTRAL BANKS, LESS IS MORE”（INTERNATIONAL MONETARY FUND, MARCH 2023）

9 日本銀行：『さくらレポート（別冊）』「地域の企業における人材確保に向けた取り組み」（2023年6月9日発行）

10 日本銀行：「経済・物価情勢の展望」（２０２３年10月、２０２３年11月１日公表）
11 財務省：「令和５年度補正予算（第１号）の概要」（２０２３年11月10日）
12 小黒一正・愛宕信康・末廣徹著：『日本経済30の論点』（日本経済新聞出版、２０２２年）
13 小山堅：『エネルギーの地政学』（朝日新書、２０２２年）
14 日本銀行：「『量的・質的金融緩和』の導入について」（２０１３年４月４日）
15 財務省理財局：『国債の安定消化』三菱ＵＦＪ銀行取締役常務執行役員市場部門長　関浩之氏による「第３回国の債務管理に関する研究会への提出資料（２０２３年６月２日）」
16 Martin Mandel：“Effective Market Classification: Theory and Application in the Czech Economy”, *Czech Journal of Economics and Finance* (September, 2000)
17 日本銀行：「物価の安定についての考え方」（２０００年10月13日）
18 日本銀行：「『物価安定の目標』と『期限を定めない資産買入れ方式』の導入について（２０１３年１月22日）
19 The Federal Reserve: “Policy Normalization Principles and Plans” (September 16, 2014)
20 日本銀行：【挨拶】内田眞一副総裁：「最近の経済金融情勢と金融政策運営」（奈良県金融経済懇談会における挨拶）（２０２４年２月８日）
21 日本銀行：【挨拶】氷見野良三副総裁「最近の金融経済情勢と金融政策運営」（大分、２０２３年12月６日）
22 日本銀行：「短観（２０２３年12月）調査」の概要（２０２３年12月13日）
23 日本銀行：植田和男総裁「金融政策の基本的な考え方と経済・物価情勢の今後の展望」（内外

情勢調査会、２０２３年5月19日）

24 日本銀行：【挨拶】植田和男総裁「最近の金融経済情勢と金融政策運営」（大阪、２０２３年9月25日）

25 日本銀行：植田和男総裁「賃金と物価：過去・現在・そして将来」（日本経済団体連合会審議員会における講演、２０２３年12月25日）

26 日本銀行：「生活意識に関するアンケート調査」（第96回）の結果（２０２４年1月17日）

27 日本銀行：「デフレ脱却と持続的な経済成長の実現のための政府・日本銀行の政策連携について（共同声明）」（２０１３年1月22日）

28 高橋亘「実質賃金上昇の罠――生産性格差のもとでインフレによって賃金を決定することの問題」（ニッセイ基礎研レポート、２０２３年11月24日）

29 ＩＭＦ："Three Uncomfortable Truths for Monetary Policy" by Gita Gopinath for the European Central Bank Forum on Central Banking 2023 (June 26, 2023)

30 内閣府・財務省・日本銀行：「デフレ脱却と持続的な経済成長の実現のための政府・日本銀行の政策連携について（共同声明）」（２０１３年1月22日）

31 日本銀行：「『量的・質的金融緩和』の導入について」（２０１３年4月4日）

32 日本銀行：「資金循環の日米欧比較」（２０２３年8月25日）

著者紹介

水野温氏 (みずの・あつし)

元日本銀行政策委員会審議委員

1989年ニューヨーク市立大学経済学博士。1986～89年NBER(全米経済研究所)客員研究員。1987年ニュージャージー州立大学で経済学部講師。1989～2004年チーフ債券ストラテジストとして野村證券，ドイツ証券，クレディ・スイス・ファースト・ボストン証券などに勤務。2004年12月～2009年12月日本銀行政策委員会審議委員。2010年1月～2012年3月クレディ・スイス香港でアジア太平洋地域債券部門副会長，2012年4月～2019年1月クレディ・スイス証券取締役副会長。

複合インフレの罠——大規模金融緩和の誤算

2024年4月3日　1版1刷

著　者　水野温氏

発行者　中川ヒロミ

発　行　株式会社日経BP
日本経済新聞出版

発　売　株式会社日経BPマーケティング
〒105–8308　東京都港区虎ノ門4–3–12

装　幀　野網雄太

本文DTP　マーリンクレイン

印刷・製本　シナノ印刷

ISBN978-4-296-11991-2　Printed in Japan